欧洲哲思随笔经典

培根论人生

（英）培根（Bacon，F.）／著

深刻影响人类思想史的著作

The Essays of Francis Bacon

民主与建设出版社

图书在版编目（ＣＩＰ）数据

培根论人生 /（英）弗兰西斯·培根著 ; 董智慧译 . —— 北京 : 民主与建设出版社 , 2017.5

ISBN 978-7-5139-1504-5

Ⅰ . ①培… Ⅱ . ①弗… ②董… Ⅲ . ①培根 (Bacon, Francis 1561-1626) —人生哲学—哲学思想 Ⅳ . ① B561.21

中国版本图书馆 CIP 数据核字（2017）第 078912 号

培根论人生
PEI GEN LUN REN SHENG

出 版 人	许久文
著 者	［英］弗兰西斯·培根
译 者	董智慧
责任编辑	刘树民
封面设计	宋双成
出版发行	民主与建设出版社有限责任公司
电 话	（010）59417747　59419778
社 址	北京市海淀区西三环中路 10 号望海楼 E 座 7 层
邮 编	100142
印 刷	三河市天润建兴印务有限公司
版 次	2017 年 6 月第 1 版　2017 年 6 月第一次印刷
开 本	145mm × 210mm　1/32
印 张	7.25
字 数	180 千字
书 号	978-7-5139-1504-5
定 价	32.00 元

注：如有印、装质量问题，请与出版社联系。

目 录

我写此书的目的并非是为了打发空闲时间和供人们娱乐消遣。人类生活中的各种困难及问题是我所关心的。这是我乐意借助于正确和健全的理智思考来加以改善的。

献 词

以此敬献于

英格兰海军大将巴金汉公爵

公爵阁下：

所罗门有句名言："英名定会流芳百世。"尊敬的先生，正如这句名言所说的，您的英名必然会流芳百世。正值拙作《培根论人生》出版之时，请允许我将阁下的大名冠于书首，以炳盛德，并略表区区的诚意。此书是鄙人一生著作之中最受大众欢迎的，其主题均是关于人性以及人生问题的研讨。此书有拉丁语和英语两种版本。拉丁语是通行世界的语言，所以我祝愿阁下的大名亦将伴随这一版本而远播。鄙人曾经将拙著《伟大的复兴》奉献于英王陛下；又将《亨利七世传》（也有拉丁文版本）以及《自然及实验史》奉献于王子殿下。但在这里，请允许我将这部作品奉献给阁下您。

尊敬的阁下，为了以上几部书的完成，首先自当感谢上帝赐我以灵感，而鄙人也曾为之付出了辛勤的努力，衷心祝愿上帝保佑您！

您最恭顺的仆人！

弗兰西斯·圣奥尔本子爵①

---

① 1621 年，培根被授予圣奥尔本子爵的封号。

论真理

"究竟什么是真理？"彼拉多曾这样略带玩笑地问我①，但他并不希望得到任何的答案。毫无疑问，在世间喜欢放荡不羁的人有很多，他们就会觉得坚守信念就是一种枷锁，一种束缚，所以他们就想要去追求在自我的思想和行为上的洒脱。尽管这方面学派的哲学家们已成为过去②，但是仍残留下一些文人墨客模仿着他们先辈们的风格，但如果这样就放弃了自我，没有了创新。

有些世人喜欢撒谎，这并不是因为觉得创造真理的过程艰辛，同样地，也并不是因为拥有真理，人的思想就会随之受到约束，而是因为人对谎言自身腐蚀性的依赖。面对这些问题，希腊晚期哲学学派里面就曾经有人③做过研究。其实，谎言并不会给人带来像诗人从诗中享受得到的那种乐趣，也并不会获取像商人经商那样得到的利益。然而我也不能够妄下结论，真理就像是毫无掩饰的白昼，让一切都在烛光下。半明半暗、半真半假的假面舞会、哑剧和庆典不复存在。或许，我们可以把真理比作是纯洁的珍珠，在日光之下尽显其绚丽的光彩。可是，它却不能像钻石

---

① 《新约·约翰福音》第 18 章第 37 节、38 节。
② 指古希腊怀疑论诸学派源于皮浪（Pyrrhon，前 360 – 前 272）。
③ 希腊讽刺作家卢奇安（Lucain，120 – 180）曾在其《爱假论》中抨击怀疑论者。

或者红玉那样在不同光照下璀璨耀眼。寓伪于真的虚虚实实总是令人十分舒适。

存在于世人心中的那些自以为是的妄想、期待、误解和幻觉等等，一旦遭到清除，很多人的内心世界，将会装满可悲、无趣的空洞东西，充满抑郁和疾病，难道人们不认同这个论断吗？从前有一位天主教会的神父批判诗歌是"魔鬼的酒"①，他认为诗歌腐蚀了人们的想象，诗词歌赋只不过是谎言的一种影像而已。就像上面说的那样，那些有着华丽衣服的谎言虽然不具有杀伤力，但是却在人们心中根深蒂固地盘踞着、腐蚀着。但是，无论这些对世人失去判断能力起什么作用，真理也只能依靠真理自身去评判，由于它是人性中最高境界的美德，指引人们探索真理，理解真理和相信真理。探索真理就是要用一颗炽热的心，充满渴望地去追逐它的足迹，理解真理就是要和它不离不弃，相信真理就是坚信它是会给我们带来幸福的。

在上帝创造世间万物的时候，感觉之光是被排在了第一位，而理智之光则被放到了最后一位②，从上帝创造那些以后，留下的工作就被称之为"圣灵的光照"。首先她在混浊黑暗里面呈现光明，最终在人的脸颊上洒上灵光，并且赋之以生命力。

在不为人知的哲学派别里面，尽管没有突出的成就，但是却诞生了一位极具光彩的诗人③，他曾经说过一句特别富有哲理的话："伫立岸边静静地眺望着船舶颠簸于海上是一件极其快乐的

---

① 圣哲罗姆（St Jerome，347－420）曾曰"诗乃魔鬼之佳肴"，圣奥古斯丁（St Augustine，354－430）则言"诗乃谬误之琼浆"。

② 《旧约·创世纪》第1章3节及第2章7节。

③ 古罗马诗人及哲学家卢克莱修长诗《物性论》。

事情，但是，站在城堡围墙门前俯视下面的厮杀和险恶也是极其快乐的。然而站在真理的巅峰上（站在最高处，永远俯视一切），目睹山下各种不同的谬误、彷徨、阴霾和风雨，那才是至高无上的真正的快乐。"这样的境界，是会让人们总能抱有恻隐之心，不骄不傲的。毫无疑问，人心如果能以仁爱为动机，以天意为归依，以真理为轴心而不停地运转，那么人间就真的如天堂一般幸福，就如同置身于大同社会。

从以上的神学和哲学上的真理来看，讲到世俗中的真理，甚至连那些生活背道而驰的人也必须承认，只有光明磊落，正直坦白才能凸显人性的光辉与荣耀，弄虚作假就好像是在金银制币中掺杂了合金，就像金玉其外，败絮其中，虽然他们有华丽的外衣，但应有的内涵与深度被掩盖。因为这些迂回蜿蜒的方法乃是蛇的行径，只能依靠腹部，却不是堂堂正正脚踏实地的君子之风。

一旦欺瞒作弊被揭发，是最令人蒙羞，可恨的。所以，蒙田在研究弄虚作假为何令人感到如此耻辱可恨的时候，更加深入地做了以下阐释：

"我们经过深入的调查和研究发现，当人在说谎话的时候是畏惧神的，而不是害怕人的揭发。"这就是说，谎言只有被神降服，而是不能直面人类的。① 所以虚伪和背信弃义，将成为上帝对人类施行最后宣判的钟声，其邪恶的地方都是罄竹难书的。很久以前有人预言说当基督再来时，"他在世上将再也无法遇到信德"②。

---

① 《蒙田随笔》卷 2 第 18 篇《论说谎》。
② 《新约·路加福音》第 1 章 8 节。

论死亡

面对死亡，大人们也像小孩子一样恐惧，害怕独自在黑暗之中行走。各种各样妖魔鬼怪的故事致使孩子们的恐惧是与生俱来的，但是小孩子对死亡的渲染则加剧了大人们的恐慌。

由此来看，与其惧怕死亡，倒不如用一种宗教的虔诚从容地直面死亡，将其视之为人生无法逃避的宿命和对尘世罪孽的一种偿还。

那种从宗教角度来思考死亡的，只不过它往往被虚妄与迷信所填满。修道士在自诫书中也写道："如果自己感觉到一根手指受到酷刑摧残时的痛楚，便也可以预见到死亡之时全身溃烂的痛苦。"其实并不是这样，人体的最敏感部位未必就是最致命的部位，死亡也不能与一指摧残相提并论。

所以，作为一个从未被世俗宗教哲学影响的哲人，塞内加（一位古罗马的道德哲学家兼作家），曾经说过："世界万物包含生死的一切，比死亡本身更加令人可怕。"[①] 痉挛与抽搐，叹息与呻吟，苍白的面容、亲朋的哭泣、丧具与葬仪、沉重的葬礼，这

---

① 塞内加所著《道德书简》第 24 篇。

里的一切都让死亡显得异常的恐怖。但是，任何人都无法否认的就是，人们内心脆弱的情感不能与死亡的恐怖相抗衡，也不能战胜这种与生俱来对死亡充满恐惧的心理。人们如果具有很多能够与死亡相抗衡的因素，死亡也就不会让人充满恐惧。尊贵的荣誉高于死亡，爱恋的情感蔑视死亡，复仇的欲望压倒死亡，极度的悲伤驱走死亡，畏惧的心灵期待死亡。

有史书这样记载，奥托大帝自杀后（塔西佗《历史》第二卷第四十九章），他的臣仆也相继自杀，跟随他而去，他们的死纯粹是为了表达对主人无限的忠诚和爱戴。

除此之外，还有塞内加也列出了两个寻死的原因：苛求和厌恶。他说："如果一个人总是每天做一样的事情，不管这个人是富有还是贫贱，都会厌倦得想一死了之。"[①] 即使你现在不是勇敢者，也不是将要穷途末路，如果让你也每天反反复复做同样的事，相信你也绝对会心生厌倦。体会不到其中的意义，就会感到生不如死。

然而，要说明的就是那些意志坚强的人面对死亡，他们是非常平静和波澜不惊的。比如，奥古斯都大帝在临死之前还向皇后问候告别："别了，利维姬，我走了，希望你永远记住我们幸福的婚姻生活！"提比留斯大帝根本不在乎死亡的逼近。正如塔西佗所说："他虽然体力日衰，但是智慧却敏锐如初。"韦斯巴梦在垂死之际自若地坐在凳子上微笑着开玩笑说："哦，飘飘欲仙！"加尔巴在强敌面前却非常从容地说道："砍吧，只要对罗马人民

---

① 塞内加所著《道德书简》第77篇。

有利。"说完便慷慨地引颈自杀。① 塞瓦鲁斯更是视死如归，他曾说："要杀便杀，不要说废话。"② 这样的事例数不胜数。毋庸置疑，因为斯多葛派的人把死亡所付出的代价看得太残酷了，所以他们为死亡所做的准备太过于隆重，因此在他们看来死亡便显得更可怕。而朱维诺却说得好③："死亡乃自然之大恩惠。"意思就是，死如同生一样，是自然之事。对婴儿来说，活着的痛苦未必少于死去的苦恼。

假如一个人是在热切地追求中死亡的，就好似一个人在热血沸腾时受伤一样，此时此刻却是感觉不到痛的。所以，一旦心意已决，执意向善时，就会从容地面对死亡，而不会感到害怕④。但最重要的是，我们要坚信世间有最幸福最甜美的歌，无过对于你在一种有价值的事业中度过了一生，就好像人在获得了对自己而言有意义的结果和达到所期待时所说的那样："万能的主啊，您现在可以遵照您的意愿，释放您的仆人安然去世了。"

其实，死亡还有另外一种功能，那就是它能够替我们消除尘世的众多纷纷扰扰，并开启赞美和名誉的篇章——生的时候被别人嫉妒的人，死后必然会备受人们的爱戴和思念。⑤

---

① 苏维托尼乌斯《罗马十二帝王传》。
② 迪奥·卡西乌斯《罗马史》第 67 章。
③ 朱维诺（Jurena，155 - 135），罗马作家。
④ 中世纪意大利诗人阿里奥斯托长篇传奇诗《疯狂的罗兰》。
⑤ 贺拉斯《书札》第 2 卷 1 首 14 行。

论宗教

　　人类社会可以持续发展的重要支撑之一就是宗教信仰。如果宗教信仰可以整齐划一的话，那么，我们的世界将会多么的美好。在那种异教徒眼里，关于宗教的争论和分歧是不可饶恕的恶行。这就使得异教徒更加注重宗教的仪式和典礼，而不只是看重某种永恒不变的信仰本身，因为他们的神学宗师都是富有内涵的诗人①。都可以明白他们所需要的是怎样的宗教，崇拜的是怎样的偶像。然而，真正的上帝却有自己独具一格的特性，我们也可以认为，他是一个"有嫉妒心的上帝"②。他既不允许有不纯的信念，也不允许奉祀异教的神灵。但是，究竟如何才能使信仰保持一致，这个问题值得深究一下。因此，他苛刻的要求对于他的崇拜和信仰既不能有糟粕，也不愿让其他的神灵来和自己一起分享。

　　正是由于这样，所以我们接下来谈的关于教会统一就会显得很重要，保持信仰一致的意义有两方面：一是与教会内部的人有关，二是与教会外部的人有关。比如，宗教统一的界限在哪里，

---

① 指古希腊罗马之宗教多以诗人笔下的诸神为崇拜对象。
② 《旧约·出埃及记》第 20 章 215 节。

用什么方法和途径去统一，以及能够创造怎样的价值。

宗教统一的价值，不仅体现在它能够使上帝在这个至高无上的目标面前显得更加荣耀，而且还有两个目的：一个是针对教会外的人而言的，另一个则是针对教会内的人而言的。就前一点，宗教内部如果出现异端和纷争，它将是在所有丑闻中当数第一的，这比弄错宗教仪式规则与程序还要恶劣。就像人体关节上的扭伤或者错位，是会比被脏兮兮的细菌所玷污还要更加危险，人类的灵性也是这样。因此，破坏宗教的统一就是宗教外的人士不想加入教会，宗教内的人们想要全身而退的最有效的方法了。

所以，无论在任何情况下，面对这些，散布对于信仰的各种不同见解，更能够导致宗教的分裂。如果听到有人喊"看，基督在田野那里"，或者又有人喊"看，基督在房间里"，意思就是，无论是在异端的教会里寻找基督，还是在教堂外面寻找基督，这时就会有一个声音在耳边反复地响起："不要出去，不要出去。"①这就是基督自身说过的那句名言："你们既不要出动，也不要相信！"圣保罗曾经说过："一个异教徒如果听到你们那些自以为是的教义，他们恐怕只会觉得是一群疯子。"与之相反，要是教会里的那些矛盾冲突被无神论者或者世俗之徒听到，那么他们的意见未必比上面提到的异教徒的看法好到哪儿去，他们恐怕只会认为这里有一群疯子。对于本来就无信仰者的无神论者而言，看到宗教之中的这些矛盾冲突，他们面对这种情况只会催促着离开教会，被冠以"亵渎者"的称谓。

----

① 《新约·马太福音》第 24 章 25 节、26 节。

许久以前，一位幽默大师在他自己虚构的著作中提出了《异教徒的摩尔舞》①。或许有读者会认为，在讨论严肃问题的时候却提到这样的例子，看上去不够严肃庄重，但是这件事却向世人展现了那些异教徒滑稽的嘴脸。信仰会给教徒带来和平，而和平就是幸福，和平树立信仰，和平培养博爱。如此一来，以前浪费在写争论文章的精力，如今就可以转移到写信仰和诚实忏悔的论文上了。因为异教徒中的各个派别都拥有自己不同的姿态和媚俗，对于那些从未对神圣的事不加恭敬的凡夫俗子和下流的政客而言，毋庸置疑是自取其辱。

宗教的统一对于教会内的人产生的最有意义的影响就是带来了和平和安宁，在和平中当然也包含了无限的神圣。意思就是，和平产生了信仰，而和平却激发了仁爱之心：和平就是浓缩了良心的安宁，和平就是把争论的力气消耗的良药，让人们的精力转移到了写作专论、阅读和虔诚的著作上去。

关于宗教统一的界限是非常重要的。到目前为止，有两种极端的看法。对于某些狂热分子来说，所有关于和平的言论和谈吐均是可恨的。正如《旧约》中所讲到的："和平与你有何相干？在我身后才是重要！"② 狂热派看重的往往不是和平，而是拉帮结派，蝇营狗苟。相反地，某些教派的信徒和那些麻木不仁的人就以为他们能够保持中立、也就是遵循中庸之道，运用妥协和折中的办法能够来协调教派间的矛盾，好像他们真的可以在上帝与世人之间做出公平和正确的裁决一样。

---

① 拉伯雷《巨人传》第 2 部 7 章。
② 《旧约·列王记下》第 9 章 18 节、19 节。

我们必须冷静地看待，必须积极防止这两个极端的情况发生，上面所说的两个极端并不是不可避免的，只不过我们必须用以下两种截然不同意义的箴言、来正确而深刻地阐释救世主亲自订下的基督教的盟约。这两句箴言分别是："不是朋友的人就是敌人"和"不是敌人的人就是朋友"①。想明白这两句话，就要辨别和区分究竟关系信仰中哪些东西是最为核心的和最为实质的问题，哪些完全属于信仰的，哪些仅仅是属于个人观点的、社会礼仪的或有些概念分歧的细微的问题。换言之，只要在信仰的大前提下没有分歧，那些观点、教义和解释上的差别，就可以求大同存小异，而不应该为之煽动分裂。或许这对于大多数人而言可能是微不足道的，或者认为已经解决的，但是要是能够少一些私心偏见来解决这些事情的话，那么它就会受到更多热切的欢迎。

就这一点，我想告诉大家的是，人们必须注意，不要因为以下提到的两种争论而让上帝的教会遭到分裂。一种争论就是说所争论的问题太过渺小，只是由于争论的态度激发了仇恨，不应该引起热烈地辩论甚至引发激烈地争吵，争论只是因为有矛盾。早期的圣奥古斯丁作为一位基督教著作家曾经指出："基督的衣服应该是圣洁无瑕的，但令人意外的是教会的衣服却有着不同的颜色。"所以他说："这件衣服可以是各式各样的风格或样式，但是绝不允许上面有丝毫的瑕疵。"分裂和统一的问题还有基督衣袍无缝说②，基督的衣服和教会的衣服有着截然不同的款式。意思就是，和谐统一与专制统一并不是一回事。

---

① 《新约·马太福音》第 12 章 30 节和《新约·马可福音》第 9 章 40 节。

② 《新约·约翰福音》第 19 章 23 节。

还有一种关于实质性的问题的争论，却往往是以陷入更加过分的深奥和晦涩之中结束。所以，它也就变成了一件诡辩的事情，并不能反映最实质性的事情。有时候会听闻那些无知的人们表达不同的意见，对于一个具备很好的判断能力和理解能力的人而言，其实他心里清楚地知道，看似存在很大分歧的人实际上就是同一回事，问题是他们不肯承认而已。假如人与人之间在判断上真的存在很大的差距，那么我们难道就不认为，上帝事实上已经观察出了人们心里的想法，自相矛盾的脆弱者其实在自己的说法中讲的是同样的一件事情，但是会就这样接受那些可笑的和自相矛盾的说法吗？这精彩的争论的实质是由圣保罗提出来的，他也对同样的事情提出了一些警告和劝诫："要避免那些不虔诚的谈论和所谓知识的荒谬辩论。"① 但事实并非如此，某些人专门喜欢那些新鲜的名词术语，不是让意义支配辞藻，而是让辞藻支配意义。人们给他们创造的事实上并不存在的对立，并强加上非常确定的新的名称。但这些对立，结果就是本来应该是依靠意义支配的术语，却成为了依靠术语支配的意义。信仰的一致，还有两种虚假的和平或者所称是统一：一种就是和平只不过是以一种绝对的无知的表现而言，认为在黑暗之中，所有的色彩都是黑色的；另一种就是兼并了本质上绝对互相矛盾的所有观念和理论，将真理与谬误混淆在一起，使真实与虚假就像尼布贾尼撒梦中的雕塑一样，那雕塑的脚趾一半是铁制成的，一半是泥制成的，铁和泥虽然可以粘在一起，但是却永远也不可能融为一体。

———————————

① 《新约·提摩太前书》第 6 章 20 节。

人们必须要注意，面对宗教的统一，人们必须要注意，不能够为了实现或巩固宗教的统一就肆意废除破坏仁爱和人类社会的规范。基督教徒拥有两把利剑①：一把是用来解决灵魂的问题，另一把则用来解决尘世的问题。这两方面在维护宗教的职责上都有不可取代的地位。但是，切忌使用第三把剑，即穆罕默德的剑或相似的其他方式。因为武力不能作为传教的方法，靠血腥杀戮来迫使人们改变信仰那样是不可行的。当然，这并不包括用宗教信仰煽动武装叛乱那样的情况。除了那些明目张胆诬蔑教会的、亵渎神灵的事情，或者是将宗教掺杂于覆灭国家的阴谋诡计的事情，是不可以作为去煽动敌对势力，鼓动并谋划叛乱，甚至把利剑发给各种各样蓄意颠覆来顺应上帝旨意的民众。之所以这样做，是因为使用武力传教，无异于用上帝所传的第一块法版去碰击第二块法版②，所以认为世间的人们都应是基督徒，但是却忽视了其实基督徒本身首先应是人。诗人卢克莱修看到释迦们狠心地用亲生女儿进行祭奠时③，曾惊讶地说道④："宗教让人犯下的罪行是不可饶恕的。"⑤ 这还不算的话，如果他看到了 1605 年 11 月 5 日信徒福克斯谋杀英王和议员的阴谋，或者法兰西 1572 年 8 月 23 日巴托罗缪节之夜发生的异教徒大屠杀的话，他肯定会发出比这个还悲哀的感慨，而且会更加坚定地反对宗教，大力支持

---

① 《新约·路加福音》第 22 章 38 节。

② 第一块法版记载有人对上帝承担的五项义务，第二块法版记有人对同类的五项义务，二者相加即为"摩西十诫"。

③ 希腊神话。

④ 引自《物性论》第一卷。

⑤ 指圣巴托罗缪惨案，即 1572 年 8 月 24 日法国天主教徒屠杀胡格诺派教徒的宗教惨案。

无神论了!

因此为了保卫我们的安宁，尘世之剑，最好是不要为宗教信仰问题而挥舞！我们还是远离那些为了宗教信仰的问题而肆意挥舞那柄尘世之剑吧！一旦无知的民众拥有了权教之剑，那么后果绝对不能想象！只有魔鬼和那些"再受洗派"①的狂热迷信分子才能够做得出来这样荒唐的行径。当魔鬼说："我要和天地同在。"②这很明显是肆无忌惮地亵渎神灵的论调，但上帝来到人世间假如让他说："我的降临就像可怕的魔鬼到人世间一样。"难道这不是更严重的亵渎神灵的行为吗？利用宗教的名义来毒害人民，背叛君主，夺取消灭国家和政权，就好像将圣灵徽记由高贵美丽的鸽子变成了丑陋低俗的兀鹰和乌鸦一般，把普度众生的船只变成了充满罪恶的残忍的海盗船。这不更加是亵渎神灵的恶举吗？

所以，一切披着宗教和信仰的名义而进行的残暴行为，以及所有为这样的行为而辩护的异端邪说，一切帝王都有权力挥舞他们的法律利剑，学者们也应当利用他们手中最有杀伤力的工具——笔，无情地将其投畀豺虎，这就如同天使手中挥舞的夺魂金杖，把所有有利于恶行的言行统统予以扼杀和讨伐，并将它打入地狱，使其万劫不复！

使徒圣雅各曾经说过："不是愤怒就不能够真正体现出上帝的正义！"在所有关于宗教的理论中，没有哪句话比这句句话更

---

① 16世纪初在德国、瑞士和奥地利的下层民众中形成的新教派，其教义强调"千年天国"不能靠等待，要靠斗争在现世建立。

② 《旧约·以赛亚书》第14章14节。

加精辟和高明。同样地，还有一位教士说了同样意义深远的话：
"为了达到他自身的目的和利益，他们大多都是欺压别人良心和
信仰的人。"这些话意味深长，引人深思。

论报复

报复实际上是最野蛮霸道的一种公道，法律应该彻底清除人性倾向的这个方面，因为犯罪它也只不过是触犯了相应的法律，但是假如变本加厉地对罪行再实施报复，就是僭越了相应的法律。

实际上，当人们想着对某件事情进行报复的时候，他和他的敌人就是一样的了。只有原谅的行为才能使他显得更加高尚，有句话说的就是宽恕自己的敌人是君子之宽宏大量的风范，这种大度正是君子之道，正如所罗门曾经讲过："宽恕别人的过错便是自己的功绩。"① 过去的事情就让它成为过去，时光是一去不复返的，只有明智的人，才不会为已经过去的事情枉费心机和力气，现在和将来所要面对的事情就已经足够他忙的了。

作恶只不过是让自己能够得到某些利益、快乐或荣誉而已，没有谁会是为了作恶而作恶。所以，如果有人爱他自己而胜过爱我，我何必要怨恨呢？即便有人真的在作恶，那也是因为他自己生性就很邪恶，那只不过是像荆棘罢了。荆棘除了刺人，真的，

---

① 《旧约·箴言》第19章11节。

它们没有其他的事情可以做，荆棘刺人乃是因为它本性是这样。

但是，法律还不可以追究某些罪行，所以受害者只能采取自行报复的行为，那也许是能够被原谅的。但是我们必须注意，这一种报复必须不违法并且不会受到惩罚才好。不然，就是你被他冒犯，又被法律惩罚，你将使你的仇人占两次便宜，去换取敌人的一次麻烦，结果却是让你的对手占了便宜。

有很多人报复敌人时会选择他们认为是光明磊落的方式，这个举动是十分慷慨的。这是一种能够让他悔过的方法，更是为了让他悔罪，不是要冤冤相报何时了。但是暗箭伤人的报复，就好像是从暗处飞过来的箭，防不胜防，这就难免如同鬼蜮了。

对于那种忘恩负义的朋友的报复，好像是最有理由的。佛罗伦萨大公科西莫①，曾经有一个针对忘恩负义的朋友的著名论断说这是所有背叛里面最不能够轻饶的，"你可以有办法让我们饶恕敌人，但你却永远都没有办法使我们饶恕朋友"②。还有一位精神境界仿佛要更加高远一些，那就是约伯，他讲道："我们只会从上帝手里得到福报，就无法忍受灾祸吗?"③ 若把这类情形以此例类推在朋友身上，也会是一样吧。对于朋友，我们既要承受友谊，也要宽恕其过错。

正是因为这样，如果人们总是对报复耿耿于怀，就会像是在伤口上撒盐使伤口永远无法复合，尽管那本来还是可以痊愈的。只有为国家公益而行的复仇才是正义的。比如为了恺撒、佩尔提

---

① 梅迪契家族成员，第二任佛罗伦萨公爵，后当选为共和国首脑。
② 《新约·马太福音》第 5 章 38 – 48 节。
③ 《旧约·约伯记》第 2 章 10 节。

纳、法兰西国王亨利三世之死以及其他类似的事件而进行的报
复①，对于正义报复，大多数都是能够成功的。但是这不能够与
私仇相提并论，为私仇而斤斤计较却是可耻的。念念不忘宿怨而
图谋报复的人，所度过的将是一种妖巫般的阴暗生活。不仅这
样，更为可悲的是，那种不报复就不善罢甘休的人，他们的生活
就会像巫婆一样，活着的时候没有意义，死的时候却格外凄惨。

---

① 复仇替恺撒复仇者为屋大维，替佩尔提纳复仇者为塞维鲁，替亨利三世复仇
者为法王亨利四世。

论逆境

　　"人们总是想生活在顺境里，因为这会带来好处。但是更应该懂得珍惜、品味逆境的另一种宝贵。"

　　这句话是塞涅卡的一句至理名言。确实是这样，如果说奇迹只有在对逆境的征服过程中体现出来的话，那么就不同寻常了。除此之外，塞涅卡还说过一句更为深刻的格言："所谓真正的伟大，就在于表面脆弱的躯体但实际上却具有不可战胜的神性。"这富有深度的一句话，宛若诗句的妙语，其中的境界意味深长、无边无际。

　　奇迹一直是所有诗人们热衷所要追求的想象，它实际上就是古代文人墨客奇思幻想的产物，好像很神秘一样。并且，他们有很多近乎基督徒的举动。古代文人曾经生动地描绘出基督徒用自己的血肉之躯作的船，经受住人世间的惊涛大浪的勇气和志气；也曾经描写过赫拉克勒斯坐在一个瓦罐上横渡大海①，去搭救因为盗取火种而遭到惩罚的普罗米修斯。其实这些故事也正是人生的象征，因为每一个基督徒，正是以血肉之躯的孤舟，渡过了充

---

　　① 希腊神话。

满惊涛骇浪的人生海洋。

面对顺境地时候我们需要克制自己的贪婪，而面对逆境时我们则要坚守自己的志向去战胜它。就道德而言，后者比前者更难得可贵。所以，《新约》则把逆境看作是神赏赐的福祉，《旧约》中将顺境看作是神赐予的福气①。因为正是在逆境之中上帝才会给人更大的恩惠和更有影响力的决策。假如你聆听到《旧约》诗篇中大卫那美妙的竖琴②，那么，你不仅听到的是颂歌，而且它还会伴随着同样多的苦难和坎坷。但是对所罗门财富的刻画和修饰却没有比对圣灵、对约伯所受到的苦难的记载和描述生动得多③。

与此同时，顺境也并非毫无苦难和恐慌，而逆境也可能会有希望和光明。就比如说，我们在刺绣品中可以看出，较明丽的图案是在暗淡的背景才可以衬托出来的，不是要把暗淡的花朵镶嵌于明丽的背景之中，而是就借助这种美景的快乐来汲取心中的欢愉。不得不承认，美德就像香气逼人的香料，只有在燃烧的时候才会散发出醉人的芳香，让我们从这种美景中去汲取启示。因此，顺境最能够显现出邪恶，逆境最能够彰显出高贵的德行。

---

① 《新约》屡言受苦即福。
② 意即当你读《旧约·诗篇》的时候。
③ 《圣经·约伯记》，所罗门（前433–975）《圣经》中的古代著名国王，富有智慧。约伯·希伯来之族长，一生含辛茹苦而侍奉上帝。

论掩饰

通常人们所做的掩饰只不过就是为他们的懦弱找个借口而已，然而强者无须掩饰自己。因为只有保持头脑清晰，心态坚强，无须掩饰，才可以把握住讲真话和干实事的机遇。所以，最善于装腔作势的是在政治之中处于下风的人。

塔西佗曾说过："古罗马皇后、奥古斯都大帝的妻子、提比略的母亲利维娅，她既有丈夫的智慧和能力，同时又具有她儿子懂得养精蓄锐的优势。"① 塔西佗也发现，当莫西努斯（罗马将军）鼓动韦斯巴芗（罗马皇帝）向维特利乌斯发起进攻的时候，他说道："我们需要面对的是敌人，他们不仅没有奥古斯都明察秋毫的判断能力，而且也没有提比略隐秘低调的深沉。"

这些话将韬晦与谋略这两种才干分开了。这两种十分卓越的能力是需要出于习惯或者出于素质的。对于这二者，的确是应当认真区别的。

因为对于一个人来说，假如掩饰的习惯是一种阻力或者说是一种缺点的话，那就表明这个人明察秋毫到可以分辨出什么事情

---

① 以上引言出自塔西佗《编年史》第五卷一章和《历史》第二卷七十六章。

是应该公开的，而什么事情是不应该公开的，什么时候应该半藏半露，以及对象是哪个人，时机在哪里（这些都正是培西佗提到的治国与处世的道理），对于他来说，深知一切以退为进的韬晦之术。

然而，假如一个人不能拥有这种果断的判断能力，那么就理所应当地让他学会掩饰自己的内心，也就是应该叫他谨慎做事。因为如果当一个人不能随机应变的面对突如其来的困境的时候，选择最为安全和稳妥的方法才是明智之举，这就好像一个人即使视力不好但却能稳步前行是相同的道理。一个人如果不具有这种明智的判断力，又将自己掩饰得过分，以至于在应该讲话时也畏畏缩缩，这就暴露了他的懦弱。当然，理智的人往往在处理棘手之事的时候不仅具有宽广坦率的胸襟，而且还拥有光明磊落的名声。他们就好像那些训练有素的马匹，可以分辨什么时候干什么事情。只要他们能够灵巧地把握坦诚与沉默不言之间的分寸，他们即使是在掩饰自己的行为也是不会被别人轻易察觉的。这是因为他们一直以来的开诚布公和处理事情的坦荡方式已经获得了人们的信任和支持，这让他们的掩饰几乎不能够被发现。

自我掩饰的方式通常来说有三种：

第一，沉默是最为保险的方式。沉默让秘密一直不被公诸于世，也让他人无法继续进行探测。

第二，故意施放烟幕弹，大肆散播一些虚实结合的，真假难辨的谣言。即故意泄露事件中不重要的一部分内容，但其真实目的却是隐藏真相中关键的那一部分内容。

第三，发布虚假的消息来掩盖真实本身，积极地进行掩饰。

对于第一点，以往经验都表明，人们更愿意相信性格沉默。因此，人们只喜欢把内心的秘密和隐私告诉守口如瓶的人，他们也是可以听到很多人的忏悔。因为没有人想要对一个多嘴多舌的人透露任何事情，这仿佛是在一个无缝隙的空间就可以盛放更多的空气一样。人们更愿意将心中的秘密透漏给一个能保守它的人，而并不是让自己的心灵去独自承担，这是人的天性所希望和驱使的。换句话说，就是：沉默是获取他人秘密的方式之一。

从另一方面讲，一个愿意把自己的所有都暴露在外的人，就好像一个赤裸裸的人一样没有安全感可言。更加为人所接受和尊重的其实是含蓄的仪态和举止。因此，沉默有时候是一种弥足珍贵的修养。那些喜欢嚼舌头的人往往都是空虚轻信之徒。他们总是夸夸其谈一些他们并不知道的事情。因此，沉默不仅仅是理智的方式，同时也是符合道德准则的。还有一点要明白，沉默不仅要克制住自己的口舌，而且要学会控制自己的情绪。观察一个人，首先应当是观察他面部的每一个表情。表情是显露一个人内心的敌人，其惹人注目和取得信任的力量比语言更加强大，它们是没有办法造假的，我们可以分辨那些虚实，看出漏洞。因为表情往往会比语言更加引人注意和值得信赖。

关于第二点，即施放烟幕弹，用于有十分重要的秘密需要别人来保守的时候，这种方式是最合适不过的了。所以从某种程度上，善于施放烟幕弹的人才是这个严守秘密的首先人。因为现在大多数人是复杂的，不容忍你将秘密深藏于心中而不向任何一方的人透露一丝一毫，不能够容忍你保持中立，不偏不倚。他们会故意提出一些容易让你露出破绽的问题，而且还会有心机的诱使你开口将关于这个问题的话说出来。总之，他们想方设法就是为了能够得到你心中的秘密。在这个时候，如果你还是想选择保持沉默，那么总会在某一句话中泄露出蛛丝马迹。也就是说，纵然你守口如瓶地去掩饰自己的问题，他们也会嗅到秘密的味道，就如同从你的话语中可以打探到口风一样。所以那些支吾搪塞、闪烁其词，自认为能暂时掩人耳目，其实并不是长久之计。如此一来，为了能够保守秘密，学习使用一下施放烟幕弹的本事是相当重要的。所以说些含糊不清之词，有时正是为了隐藏真相而不得不披的一件外衣。

最后是第三点——说谎或者做伪证，我们应给予一些谴责而并非称赞，即使它可能在一定程度上发挥其独特的作用。如果一个社会中说谎风气很严重的盛行，那时的社会是怎样的，只不过是人性弱点的显露。一句话说就是：假如你说了一个谎，接下来就会使用更多的谎话去圆第一个谎。

相应的掩饰也有三大益处：

首先，就是可以迷惑对手的注意力，出奇制胜地攻击敌人。但是这种事情一旦被揭发，后果则不堪设想。

其次，是能够使自己能够从容地全身而退，不至于不能喘息。所以假如一个人不懂得掩饰，只知道忙忙碌碌，那么他必定会经历很多未知的无法抗拒的挫折，最终被打败。

再次，可以以谎言为诱饵，洞悉对方的真实想法。所以西班牙人有一句经典的格言："说出一句谎话，能够得到一句誓言。"所以，当实在没有别的办法可以发现真相的时候，在这个时候 说谎也不失为一种可行的方法。

掩饰也有三种缺点：

第一，说谎有时候就是一种懦弱的象征，因为说谎是有可能随时被揭穿的，所以不得不随时防备。

第二，伪装是另一种虚伪，会让朋友对自己产生误会，从而孤独一生。

第三，虚伪和掩饰会损害一个人的人格，影响在他人心中自己的信誉和人们对他的信任。因此，不但要努力树立起自己真诚坦率的名声，又要善于谨慎地运用虚伪和掩饰这两个工具，这才是较为合适的做法。这就是告诫我们，不到走投无路，说谎伪装是最不可取的一种方式，同时，这也是最大的缺陷。

论家人

　　为人父母的幸福是不言而喻的，同时，这其中的愁烦和忧虑也是一样的。幸福和忧愁是并存的，在人生中都是无法抗拒的。

　　子女让辛苦渐渐变得甘美，但同时也让幸福渐渐地变得苦难。他们增添了父母对人生的牵挂，同时又消减了父母对死亡的忧虑，子女增加了他们的生活负担，却减轻了他们对死亡的畏惧。

　　虽然动物同样能繁衍后代，但是青史留名和建立辉煌的事业，只有人类才能实现。在社会中我们会发现，无数丰功伟绩在身的人，大部分是没有子女的人，他们十分努力地将他们心思意念上的影像展现出来，是由于其肉体之影像不能再现出来了。他们虽然不能够复制一种肉体，却不遗余力地复制了一种精神。因此那些没有后代的人其实是最关心后代的。相反，成家早于立业的人，他们对自己的子女往往特别溺爱，他们把自己族类的事情，继承事业的事情，全加注给儿女。因此，既然他们对子女溺爱，对工作同时也就没那么重视了。

　　父母，特别是妈妈，不同的妈妈对于子女常常有不同程度的偏爱，甚至溺爱到无可救药的地步。正如所罗门所提到的："父

亲因为孩子的成就感到自豪，而母亲则因为孩子没有出息而感到
羞愧。"① 常有人见到在一个子女满堂的大家族中，只有最小的孩
子备受宠爱，一两个最大的孩子备受重视，常常被证明的是最能
成就大事的是中间的那些、也可以说是几乎被忽略了的孩子，但
往往他们却是最有出息的。

在零花钱上面对孩子小气，这是一个很大的隐患。这会使他
们逐渐地变得卑微胆怯，倾向于投机取巧，甚至与品行不端的一
些人为伍，这就是穷奢极欲。所以，父母如果能够在花钱上较为
大度，而对子女管教严格点，效果常常证明是更好的。不管是家
长还是教师或导师，都有一个不成熟不明智的认识，那就是在还
处于童年的兄弟之间挑动一种竞争，这会埋下隐患，这将使家庭
纠纷不断，彼此不和睦。意大利人他们能凝聚在一起，是因为他
们对子女、侄子外甥或者近亲都一视同仁，哪怕不是他们亲生
的，也不介意。并且，事实上，性情也更是如此，以至于有时我
们有一个侄子更像他的某一位叔父或伯父，因偶然的血缘关系，
像极了其他某位男性的近亲，然而却不像他自己的父亲。

为人父母者，应当在自己的孩子最具可塑性的时候，把握适
当的时机为子女选择他们认可的职业定位和人生所要走的道路。
但绝对不能忽略的是，并非孩子小时所感兴趣的，都是他们终生
所愿从事的。因此，作为父母的人，不能过分地迁就其子女的想
法，不可过分地溺爱子女，切勿认为小时候喜欢的东西他们将来
也一定会尽心竭力地喜欢。

---

① 《旧约·箴言》第 10 章 1 节。

当然，如果当子女的能力十分卓尔不群，那么，最好让他们展示自己的才华。不过，以下这句格言还是十分有道理的："只有选择了最适合的路，自己才会觉得轻松和舒适。"

但如果做哥哥的继承权被剥夺，兄弟中幼弟多半结局很好，常常会通过自身努力获得良好的发展。假如被剥夺了，则做弟弟的这种幸运，就少见得多了，甚至可能再也见不到了。①

---

① 为弟者自幼便知将来得自食其力，一般都学有所成并具勤俭之风，但他们一旦继承财产而富贵，就很容易弃简从奢。

论婚姻

　　婚姻即建立一个有妻子和儿女的家庭，这也就相当于命运女神送去了人质，可以说对于命运之神付出了抵押品。因为对于妻子和孩子，不管那是多大的善事还是多大的恶事，都难免成为事业走向辉煌的绊脚石。不得不承认，在大都还没有结婚或者是还没有孩子的人们之间，都是对于他任何社会最有贡献的人，因为他们把所有的感情和财产，都付诸大众，就像是娶了大众或者是将自己的陪嫁给了大众一样。但是那些已经有了孩子的人，因为他们必定向未来许下最真实和贵重的承诺，所以有充足的理由去考虑自己的后代和妻子。

　　还有一部分所谓的单身贵族，他们喜欢自己是一个人，因为他们只懂得关心自身，而且他们总把自己与未来分离，把自己置身事外。不仅如此，还有一部分人，他们将妻子和子女只是看作要去偿付的拖累。更有一些很有钱而十分愚昧的守财奴，他们竟然因为没有子女来承袭他的遗产而感到无比自豪和欣慰，认为这样他们会更加富有。他们在听到别人说"某个人是一个大富翁"时，他们就会洋洋自得地说道："即使是又怎么样，他的孩子那么多，所以他的负担必然会很重大。"这就好像是在说其实是孩子们削减了他的财富一样。

为了得到自由，他们才喜欢孤身一人，这特别突出的表现在那些自我陶醉而且性情怪异的人身上，这些人对于所有束缚自己的东西都是相当敏感的，更有甚者，他们就觉得连腰带和鞋带也成了约束自己的枷锁和脚镣。其实，单身的人往往被认为是诚挚的朋友、施恩的主人抑或是忠义的仆人的代名词，这并不代表他们完全都是忠贞或顺从的臣子和民众，那是因为他们无牵无挂，能够随时迁逃，所以浪迹天涯的人差不多都是没有家庭的人。僧侣和道士们他们首先把仁爱和关怀给予了自己的家人和朋友之后才可以过独身的生活。否则，他们就很难再去普度众生。但是，各级的法官是否单身并不是非常重要。因为一切最早开始的贪污腐化，这人多半是他的幕僚，是他们被人们牵制而导致的，并不是他的妻子和家人。因为妻室和儿女是对人性情的一种磨炼。因此我们可以发现，将帅在激励部下士卒兵丁的时候，总会试图让他们想到自己的家庭和亲戚，从土耳其人对婚姻的不尊重所产生的严重的后果也可以看出，因为这让他们军队的士兵变得更加卑微和恶劣。因此，对于家庭的责任心虽然是对人类本身的一种束缚，但同时也是一种锻炼。那些过单身生活的人，因为并不懂得怎样去关爱别人，所以他们往往是挥金如土的，他们在面对那种亟待帮助的人时常常是置之不理的态度。

尤利西斯，他曾经抵制住了美丽女神的引诱，从而保持了对妻子的忠贞。所以，一种优良的风俗，能够教化出严肃慎重且情感坚定的男子汉。

一个单身的女人时常是骄傲蛮横的，因为她需要用这些来向人说明，她的坚贞可能更多是自愿的。

她最好的忠贞不渝的证明就是，如果一个女人因为自己丈夫的智慧和能力而感到骄傲和自豪，那么这会是最有力的证明。但如果一个女人发现她的丈夫是嫉妒和多愁善感的，那么她肯定会认为自己丈夫不是有智慧的。

在男人的一生之中，年轻时候的情人，中年时候的依靠，暮年时候的相守，这样才一定是自己贤惠的妻子。因此在他的命生中，可以说只要那个女人是合适的可以选择的，那么任何时候结婚都是可以的。

但是，在回答人应该在何时结婚这一个问题上，现在却有这样的一个人，他说："太年轻所以不需要结婚，当老了就没有必要结婚了。"① 这反倒让他认为自己很聪明。我们总是会看到一个十分美丽的妻子却有一个很一般的丈夫，这可能是因为她们的丈夫很细心，所以也就显得十分珍贵。又或者是因为做妻子的因为他们的耐心而感到满足。但是有一点是绝对正确的，那就是：即使她们的家人和朋友们万般劝告，他们也会无怨无悔地为自己的行为负责，因为那是他们自己的做出的选择。

---

① 指古希腊哲学家泰勒斯。

论嫉妒

爱情与嫉妒，在人们不可计数的情感和欲望中，这两样东西最扰乱人的心志。要是真的有巫蛊这种说法的话，这两种感情都能激发出强烈的欲望，创造出虚无缥缈的意象，并且足以蛊惑人的心境。

我们不难发现，曾经在《圣经》中把嫉妒称为"邪恶的眼睛"①，占星术士则把它称为"凶象"②，以至于所有的人到现在仍然认为当一个人被嫉妒控制的时候，他的眼睛会投射恶狠狠的目光。有人更为深入的研究之后，他们竟然还发现在被嫉妒者踌躇满志或者春风得意之时，嫉妒的眼睛最可怕。这一方面是由于这种情况促使嫉妒之心更强，因为那样的得意会让嫉妒的火苗燃烧得更加旺盛和剧烈。除此之外，那些被嫉妒者的情绪最为泄露，因此当然也就最容易受到打击。

让我们暂且先不去研究这些似乎很是玄妙的说法，先来看看哪些人最容易嫉妒别人，而哪些人又最容易被别人嫉妒，以及在

---

① 《新约·马太福音》第7章22节。

② 凶象之"凶"和邪恶的眼睛之"邪恶"原文均用"evil"，其音形均与 envy（嫉妒）相近。

公事上的嫉妒和在私事上的嫉妒有什么不同。

　　道德败坏的人嫉妒总是嫉妒道德高尚的人。因为人们的心灵如果不能从自身的优点中取得养料，就一定要从他人那里寻找不足和缺点来作为养料，因此来弥补自己优势中的养料。然而那些嫉妒别人的人因为自己没有别人身上的优点，也必须承认别人的优点，所以他只能用破坏他人幸福的方法来安慰自己的心灵。一个人往往以贬低别人美好的德行的方式来寻求心理上的平衡，因为他们本身缺少那种美好品行，他就用这种方式安慰自己，而那些喜欢管闲事而且又喜欢打探他人隐私的那些人，他们也是因为嫉妒才会如此。他们之所以想要了解别人的许多事情，就是为了他在观察别人运气是好是坏之时，得到了观看戏剧演出才会产生的那种快感。因为嫉妒是一种游离的激情，它只适合于在街上闲逛着，但是并不适合待在家里的闲人。所以那些专心致志于事业的人，就没有功夫嫉妒别人了。

　　所以说："心怀不轨的人，才会爱打探其他人的隐私。"

　　一个后起之秀总是招人嫉妒的，嫉妒飞黄腾达的时代是那些世袭的贵族很明显的新贵，因为他们明明是其他人已经到前面来了，但是实际看上去却还是认为是自己在退后，然而这样的一切，是因为之间的距离已经改变了，仿佛视觉上的错觉一样。喜欢嫉妒别人的人大多数都是宦官、老人、残疾者还有私生子，这是由于他们自己的缺点实在是无法弥补，所以他们只能通过诋毁别人来作为补偿。除非上述缺陷的人具有大无畏的英雄气节，有志于为了自己的荣誉而改变自己的缺点，忍受着残疾的耻辱，去完成一件大事，得到人们的赞叹。就像宦官纳西斯、瘸子阿偈西劳和帖木儿一样，他们都曾经努力创造了奇迹般的光荣。在经受了大风大浪之后的人，他们犹如那个时代的落伍者一般，因此也容易嫉妒，他们会以为补偿自己曾经经历的种种苦难的方法就是让别人遭受失败。[①] 因为他们这种人把别人的失败和痛苦，看作是对他们自己过去所承受痛苦的一种弥补。那些因为他的轻蔑和虚荣，总是想方设法超越别人之人，也总是产生嫉妒。由于不管任何事都会有比自己强的人，人外有人，天外有天，他们都忽略了这些，所以当然就会有很多可以让他们产生嫉妒的事情。哈德良皇帝[②]就是这样的一个人，他总想让自己在任何工作中都表现得出类拔萃，所以他对诗人、画家和工人们嫉妒到了难以自拔的地步。

由于亲戚、同事以及一起长大的同伴之中有人出类拔萃非常容易发现，他们如果在同辈中，这时也会招致嫉妒。因为同辈人的突出成绩会引起很多人的瞩目，也会招来针对他们自身运气和水平的评论，这些评论在他们之前的记忆中又总是挥之不去，所以该隐因为嫉妒就杀害了他的亲兄弟亚伯。关于哪些人最易于嫉妒别人的话题我们暂且说到这里。

现在，我们再来讲那些或多或少不会遭到其他人嫉妒的人。首先，因为有品德的人在步入老年的幸福和运气时已经让别人觉得这只不过就是他们应该获得的报答和偿还，因此很少会遭到其他人的嫉妒，世人只会妒忌那些过于慷慨大度的奖赏和施舍，因

---

① 纳西斯，拜占庭帝国一宦官出身的将军，一生战功卓著；阿偈西劳系斯巴达国王，有"跛脚国王"之称；帖木儿号称"一代天骄"。

② 哈德良（117－138），古罗马皇帝。

为应该得到的报答和偿还是谁也不会嫉妒的。从某种程度上，嫉妒是伴随着与人攀比的虚荣心的。换句话来说，就是如果没有攀比也就没有嫉妒，因此，所有的人都不会嫉妒君王，因为没法比。不过值得一提的是，以前的人在开始飞黄腾达的时候是最容易受到别人的嫉妒的，但是随着时间的迁移他们就会觉得没必要嫉妒。与之相反，德行和人品都很高尚的人则在他们的好运气连续不绝的时候最容易遭到其他人的嫉妒。因为后起之秀的成就使他们的优点黯然失色了，尽管他们的优点还是像以前一样，但是已经没有以前突出了。那些他们的出身本就是高贵的人，即使在得到晋升的时候，他们也不会受到其他更多的嫉妒，因为他们本身就是高贵的。除此之外，其他可能并没有我们想象的那么美好。我们可以把嫉妒比作阳光，阳光直射照耀在平地上的温度肯定比在河流的堤岸上或者崎岖不平的地面上高得多。同理来讲，那些慢慢逐级提升的人，也不会像那些突然性地、跳跃性地被提拔的人那样遭到其他人的嫉妒。

那些经历过苦难、忧患或冒险才获得荣誉的人不会被人嫉妒。因为这些是他们努力、拼搏、奋斗的成果，获得的成就是应得的，以至于甚至产生了同情，而同情心总是医治嫉妒的一味良药，也是他们应该得到的补偿和报答，是值得人们敬佩的，而不是嫉妒。因此，大多数时候人们还会对他们伴随着怜惜，而治愈嫉妒的最好良药恰恰是怜悯的情感。这就是为什么，叱咤风云的政坛老将，他们在官运亨通的时候，还总是倾诉自己的内心，感叹自己过的是什么样的日子，犹如自己简直就是在受罪等类似的言论。其实他们并非如此难过，他们为了减弱他人对自己的嫉妒，事实上并不是由于他们的感觉真的是这样的。即使如此，但是我们还得明白，这种哀叹只针对那些有别人强加的事，而不是他们自愿想这样，因为多手多脚又野心勃勃地大权独揽了的这些才最容易让嫉妒增加。只有大领导让他的下属拥有优越的权力和突出的地位，这才是最能够让嫉妒减弱的方法。凭借这样的手段，就可以筑起高墙，有效堤防别人的嫉妒了。

人们最容易嫉妒那些目中无人却身世显赫的人，因为他们只有不断地炫耀自己的富有才会觉得有意义，总是想方设法来显示自己的才能，所以他们或者是在举止言谈上活灵活现，或者是要用压倒一切的气势来反对竞争的对手。可是聪明的人们却宁愿自己吃点亏也要让嫉妒者在与自己切身利益关系微小的事情上占上风，给嫉妒者一些实惠。虽然如此，另一方面也要看到，接下来的事实仍然能够很好地说明问题，那就是用虚伪狡诈的态度还不如以直率坦荡的态度来享有富豪，这样招致的妒忌少得多，只要那直率坦荡是真实的，是磊落的。因为后一种态度的人总是认为自己是十分幸运的，而这就会让人觉得他不配享受富贵，所以恰恰是他自己在引诱别人来嫉妒。

最后，我们对这段叙述做一个总结，在文章开头的时候我们就说过，在嫉妒的行为里面是掺杂着很多的巫术在其中的，因此要驱除嫉妒，那么驱除魔力是唯一并且最有效的办法。也就是说，驱除掉那个"符咒"，并将那个符咒强加放在另外一个人的身上。为了达到目的，很老谋深算的大人物总是喜欢把别人推向台前，而自己则宁愿躲在幕后。就让那些本来应该属于他的嫉妒也推到了别人的身上，有时是落在同级和同事的身上，有时是落在侍卫和仆人的身上。而甘愿充当这样角色的人往往就是那些有事业心的人但是又天性莽撞的人。其实，愿意分演这种替人出风头角色的傻瓜，天生是不会少的。那些人为了他们自己的利益和权力的人，他们不惜用一切手段的达到自己的目的。

除此之外，我们说完私人嫉妒，现在我们就来说说公共的嫉妒，两者相较，它还是有很多可取之处的。它其实也是一种公愤。对于一个国家是具有严重危险性的一种疾病。执政者一旦引起了人民的公愤，那么就连最好的政策也将被视为恶臭，受到唾弃。公共嫉妒没有私自嫉妒那样一无是处。抑制那些拥有更多权势的人，就要用到公共嫉妒，因此，公共嫉妒就是防止大人物越轨的约束和有效机制就是。

虽然说这种公众的愤怒或者公众嫉妒，但并不是所有都是针对一种政治体制，或许有时候只是针对某位领导者。然而，大家请记住这样一条铁律："如果民众的公愤已经发展到几乎所有执政者的身上，那么这个国家的体制就必然会面临覆灭的危险了。"

末尾，我们再谈谈关于嫉妒的感情问题。因为其他感情的产生和发展都有特定的时间和范围，有些只是偶尔发生，所以在人类的所有感情中，嫉妒是一种最纠缠不清、绵延不止的感情。正如古人所说，嫉妒永不磨灭的，因为它一直在某些人的心中作乱。人尽皆知，爱情和嫉妒是会让人变得更加憔悴和消瘦，而其他的感情则没有这样的能力，原因是其他感情都不像爱情和嫉妒那样无所不在，无处不在。嫉妒也可以成为一种最卑微和堕落的感情，它是魔鬼的固有属性的写照，《圣经》曾告诉我们，魔鬼就是那个趁着黑夜在麦田里播撒种子的嫉妒者①。通常情况下，嫉妒也是会暗箭伤人的，就如同毁掉麦子一样，偷偷地毁掉人间的美好。

---

① 语出《新约·马太福音》第 13 章 25 节。

论爱情

在人生的舞台上，爱情令人陶醉。因为在舞台上，爱情总是最甜美的，最美好的材料，只是偶尔才会充当悲剧的材料。然而在现实生活中，有时爱情简直就像一个妖魔妇女，有时则像一位复仇的女神。爱情就是搬弄是非。

从古至今，所有伟大的和高贵的人物（无论是古人、今人，只要是其英名永铭记于人类记忆中的），只要是我们了解到的，几乎没有一个是因为受到爱情的引诱而变得昏庸无道的，冲中可以看到，伟人们和宏大的事业是不会受到这种感情的牵绊的。然而，却有两个情况被视为例外，其中一个就是作为十大执政官之一和起草以及修订法典的阿皮尔斯·克劳迪亚斯①，另外一个是曾经作为罗马帝国两个统治者之一的马库斯·安东尼奥斯②。庄重和智慧的是前者，但是后者却是一个好色之徒，故而放纵自己没有限度，因此，虽然这样的情况不多见，但看起来，爱情不但可以对没有防范的心长驱直入，而且即使是严阵以待的心境，如

---

① 阿皮尔斯·克劳迪亚斯因企图奸污民女招致杀身之祸。
② 马库斯·安东尼奥斯曾与屋大维平分权力，后迷恋埃及女王克娄巴特拉七世，终招致杀身之祸。

果把守稍微有一些松弛的话，也照样会随时进到那里。

伊壁鸠鲁①，一个有智慧的人说过一句听起来难免有些别扭的话：

"人可以在邻居那里发现一个足够大的可以施展的舞台。"

一个在光环中诞生的人，但却在一个渺小的偶像面前跪下，让自己成为一个软弱的屈服者，成为自己感官的奴隶，尽管不是受制于口舌，却也受制于眼睛，本来是为了更为高尚的目的才会给他眼睛的需要。

一个奇特的现象引起了我们的注意，它带着过度的激情在事物的本质和价值中提出挑战。然而正是因为这样，在爱情中，这种总是用夸张的语气来说话才是最为适当的。过度的爱情，必然会夸张对象的性质和价值。它的适当不仅仅体现在语言的运用上，正像以前的人所讲的那样，人们自己是会从刚刚开始的阿谀奉承的人，到后来所有的阿谀奉承的人都和那个最开始的阿谀奉承的人互通彼此的信息。不可否认，情人才是更大的阿谀奉承者。尽管自己是再傲气的人，在面对自己情人的时候就不会是对待所爱的人那样，如此的看好自己，甚至到了一种无法相信的可笑的程度。因此前人才说道："在恋爱中的人的智商高是不可能的。"这个弱势往往是被别人看得出来的，而被爱的那个人是不会看出来的，只有那个爱情是两情相悦的，否则被爱的人就应该能看得出来。

正如我们所知道的那样，爱情里面所获得的回报，要不就是

---

① 伊壁鸠鲁，古罗马哲学家。

得到了全心全意的爱，要不就是得到了对方内心深处的蔑视。因此，人们对待这种情欲应该更加小心，它不仅会使人们失去除此之外其他的东西，也难以保住爱情本身。相对于其他的损失，诗人的史诗刻画得十分深入，凡是沉醉于爱情之中的人们就会因此而失去财富和聪慧。就像那个喜欢海伦的人放弃了朱诺和帕拉斯的礼物一样。

爱情总是在人们心情最差的时候乘虚而入，那也就是当人们在呼风唤雨、忘乎所以和处境窘困、孤苦伶仃的时候。即使后一种情境中是不容易获得爱情，然而，人们却急于在这样的情境中跳入爱情的火焰中。由此看来，"爱情"的确是"愚蠢"的儿子。可是有一些人即使心中有了爱情也可以克制它，使它不阻碍重大的事业。因为一旦爱情干扰了事业的进步，它就肯定会阻碍人们坚定不移地奔向已经确定好的目标。

直到今天，许多人还是轻易地坠入情网，也许这正像他们爱好饮酒一样，冒险的生活才可以激发他们对快乐的向往。

爱的倾向必然潜伏在人性中，如果把精力用在所有众多的事情上，不集中于某个专一的对象，那么就必然会让更广泛的大众受到益处，使他如僧侣那样变成一个慈眉善目和心地善良的人。

朋友的友爱使人性得以完善；夫妻的恩爱使人类得以繁衍。但是荒淫无度的爱只会让人们走向堕落，以至于灭亡！

论高官

做高官的人无疑是三重意义上的奴隶：君主或王国的奴隶；声誉的奴隶；工作的奴隶。因此无论是在人身上、行动上或者是时间上，他们都没有自由。

为了追求掌控他人的权力而牺牲自己，或者为了得到权力而不惜牺牲自己的自由，这种欲望真的是使人没办法了解。功成名就的过程是要经历很多的苦难，是非常艰辛的，可是爬得越高也就摔得越惨，而且升迁的过程有时还是见不得人的，需要借用卑劣的手段，才能使人谋取高就。

在较高的位置上也会诚惶诚恐，一旦倒台，便是身败名裂，其下场一般情况下是悲惨的。要么是失去势力，要么是垮台，从而不再辉煌。"如果已经没有了当初的勇敢坚强，又何必再贪恋活在人世。"[①] 但是，该退的时候又不肯退，人想退的时候又退不了，退了的人也是不甘轻易隐退的。尽管他已经处于老弱病残了，本应该是需要庇护的时候，可也正是因为如此。就好像市镇里的老人一样，偏偏要坚持坐在闹市的街头，虽然不行可是也只

---

① 西塞罗《致友人书简》第7卷。

能任由让路人讽刺罢了。

大人物的幸福往往存在于自己心中，要只是用自己的感觉来判断，就很难找到答案，他们就不到体会自己的幸福。但是一旦想到别人对于他们所处地位的关注和羡慕，也许别人会怎么看自己的时候，他们就好像能从这些传闻中获得幸福一样，尽管他们自己的内心感受可能是相反的。因为他们总是后知后觉地发现自己的不足，所以他们是最早发现自己可悲的人。无疑，高贵的人往往是繁忙的，他们没有那么多的时间去照料，所以在反观自己的时候往往都是不解的，无论是对于自己的身体或是心灵上的健康，都是不解的。正如塞奈卡所说："假如一个人在死的时候自己不了解自己，即便是名扬天下，但他那也死得太悲哀了。"[①] 做坏事或做好事都是人们自己的选择。作恶是应该得到诅咒的，所以针对作恶，最好还是没有欲望而为之，其次就是没有能力而为之。相反，行善之权力是美好的、是符合法律的憧憬所在的。所以人们可以接受善良的意念，但要是不付出行动，就只不过是空谈而已。而偏偏行善要以有权有势作为它的后盾和前锋不可。

功成名就和壮丽事业往往是人们谋求高位的最终目的，如果能够看到这样的目的实现，对人们而言，就是安息的完成。假如有人想成为上帝的安息的共享之人，就同样必须也是成为上帝的剧场中的参与者，到了安息日也就是说"上帝看着一切所造的都特别好"[②]。刚刚得到职位之时，用典范在面前树立起最佳的榜样，因为仿效就是一套有效的原则；接着，就是树立你自己的典

───────────────

① 塞内加《提埃斯特斯》第 2 幕。
② 《旧约·传世纪》第 1 章 31 节。

范，并严格地要求自己，检查自己，检查自己是否有进步；除此之外，也不要忽视以前的当任者失误的地方，这不能为了要诋毁前任的声名，而突出自己，而是要提醒自己为了让自己不再重蹈覆辙。

所以，要不断地进行改进，既不能诋毁前任，也不能过度声张，应该给自己订立一个规范，而且最好能够创立后人效仿的优秀的先例。任何人都要找到它的根源，而且要究其退化的原因和途径。但是要顾及两点：第一，当初什么是最好的；第二，如今什么是最合适的。

做事情应当考虑规矩，方便他人可以把握，但是形式不能够太古板或者拘泥于以前的东西，自己应该能够对变更的规矩这件事解释得十分清楚。

当权者可以维护自己正当的权益，这是十分应该的。但最好不要卷入任何权限的纠纷之中；宁愿是循序渐进的结果，也不要明目张胆地去刻意追求名分。同样地，也要适当地维护下属的一些权力，就他们自身的尊严和权力来说，自己事事亲力亲为，还不如指导他们，让他们学会进行运筹帷幄。并且欢迎和邀请他们提出有关行使职权的意见，不要将那些通知消息的人，看作是搬弄是非的人而拒之门外，而是要耐心接纳。

这四个弊病大部分当官人都有：拖拉、贪污、粗暴和爱面子。如果想要避免拖拉，就应该平易近人，还应该一定要言而有信的遵守时间，当机立断，应该一鼓作气地处理手中的事情，不到万不得已的时候绝不能跟其他事情搅和在一起。

就拿贪污腐化来讲，我认为不仅要约束自己和随从不能受贿，更加重要的是要遏制求情来的人行贿。因为刚正不阿的品行只会对自己有作用，但只有树立正面的形象，严重打击贿赂，对于他们深恶痛绝，这样才能够对他人有作用。我们不仅要打击受贿的事情，而且也要避免想受贿的想法。凡是还没有明确的原因，就开始大肆张扬的，被人们认为反复无常，这就很容易引致贪污的嫌疑了。所以一定要在当你改变想法或者行动的时候，就要将这些事情还有它们的变化和理由加以清楚的开诚布公，不要妄想蒙混过关。应该更加注意的是，如果有一些下属或者亲信和你关系非常的密切，但是他们身上却没有让人钦佩的地方，这就非常容易被人看作是行贿才成功的。

粗暴容易让我们招致别人的愤恨，也是没有任何意义的事情。待人严厉会让人产生一种畏惧，但蛮横却只能心生怨气。即使是训斥下级，也应该是严厉而不是刻薄。

爱面子的危害远大于受贿。因为贿赂只是一件偶尔的事件，但面子问题就是很麻烦的甚至左右一个人的思想，那他就会被面子束缚、压制不能脱身。正如所罗门所说的那样："一个人因为情面枉法，也就可以因为一块面包而枉法。"① 同样也有一句非常有道理的古语："一个人在地位升迁的时候就可以看出他的品性。"有些人因为官便更高尚，有些人则就会变得更狭隘，这是一句非常有道理的话。塔西伦论加尔巴时曾经说过："即使他从未做过皇帝，人家也都会推举他做皇帝。"但他谈及韦斯巴芗的时候却说："在全部的君主中，在当了皇帝之后就会变得更加贤

---

① 《旧约·箴言》第 28 章 21 节。

明的，唯有韦斯巴芗一个人。"虽然前面的一句是在表明统治的能力，后一句则是说气度和情怀的重要性，但是无论是哪个人，即使是在有了权位以后才改变的，也可以证明他的人格高尚还有心胸宽阔。因为权位就像大自然一样，每当事情在进入正轨进行的时候，这个运动就是最为剧烈的，上轨之后就会活动得和缓了，这正如在自然界中物体的运动一样，在启动的时很迅速，而在行进中却缓慢下来了。也可以说应该是德政的所在地时候。因此他们在争斗权位的时候，他们的德行是沸腾的，只有当他们掌权时的品行则是安稳而平静的。

人生就像一条不断转动的楼梯一样。要是面临有派系之分的事情的时候，为了自己往上登高，最好是加入其中的一派，爬上去了之后则要保持中立，不偏不倚。还应该善意而公平地对待前任的名声，这就会变成一种债务。因为如果不这样做的话，等到将来你离开了这个位置的时候不是也得面临此时此刻的情况了，人们也会用相同的办法来报复你。对待同事要尊重，不但是在他们得意的时候愿意接见他们，也要在他们有事相求的时候欣然相见。并且在谈话和私下答复求情的时候，不能够把自己放得很高。最好让人们提起你的时候会说："他工作起来截然不同啊。"

论胆大

狄摩西尼曾经被问及这个问题："演说家最主要的才能到底是什么?"他回答道："动作!""其次呢?""也是动作!""再次呢?""还是动作!"① 别看它只是初中课本上的一节普通课文,但却是最值得智者深思的问题。

作为一位卓越的演说家,狄摩西尼在他所推崇的这一才能还是很欠缺的。令人疑惑不解的是,这种才能对演说家而言只不过是表面上的功夫,应该是演员的本事,但却备受推崇,掩盖了独创和雄辩之才等等其他精彩的技巧。不仅如此,似乎表面上的功夫就好像是至高无上,一个顶一万个似的。其中的道理却是不言而喻的。在人性中,智敏的成分却少于愚钝的成分。所以,最显成效的莫过于那些令心中愚钝部分为之所动的本事了。

与此非常吻合的是政治上的远大。若要问到政治上首要的才干是什么,毫无争议的回答就是"胆大"。第二和第三呢? 当然还是"胆大"。虽然这样,"胆大"说白了无非就是无知和无耻的产物,根本就没有必要和其他相提并论。但是,它却使大部分的

---

① 西塞罗在其《论演说家》,普鲁塔克在其《十大演说家生平》中都记述了这段故事。

见识短浅的和胆小的那些人可以被迷惑和挟制，即使是聪明人，
也会在自己一时疏忽的时候被洗脑，特别是当他们意志不够坚定
的时候。从历史经验中我们得出，在共和制度的国家胆大之举创
下了奇迹，然而在君主制度或元老制度的国家却表现出来的是平
庸。还有就是，胆大者初次现身时，胆大会比较有奇效，然而接
下来就没有什么作用了，因为基于胆大的功夫而发出的诺言不能
用胆大的行为来加以兑现。

真实所言，这就好像是卖狗皮膏药的人给其他病人治病一
样，更有甚者一个卖狗皮膏药的人为君主治国，这类人信誓旦旦
地说是要为了君主改掉所有的隐患，不过他们可能也只能够在两
三次试验里撞上好运，但他们却欠缺知识，所以不可能持续
发展。

除此之外，你往往会遇见做穆罕默德式①神迹的，他们都是
有胆识的人。穆罕默德希望所有的民众相信他会把一座山召唤到
他眼前，之后在这座山顶为信仰他戒律的人诚心祈祷。当大家聚
集在一起的时候，穆罕默德无论怎样去召唤那座山到他这里来，
但是那座山就是纹丝不动。然而就在这个时候，他却没有丝毫难
堪的感觉，坚信地对大家说："既然那座山不肯到穆罕默德这里，
那么穆罕默德愿意往山那里去。"所以，就如有些行走江湖的人，
假如他们承诺的一件大事情将要以失败告终的时候，只要有足够
的胆量的话，采用这种厚脸皮的办法，他们就能够冠冕堂皇地将
这件事情敷衍过去，转移任何话题，到最后就溜之大吉了。

————————

① 穆罕默德，伊斯兰教创始人。此传说出自《古兰经》。

并非全是这样。对于见多识广的人而言，胆大妄为者对于他们而言不过就是徒增笑柄罢了，对于普通人来说，胆大者也是那种不靠谱儿的。如果笑料的素材里面是他们的荒唐话，你要相信名副其实的胆大肯定是伴随着很大的无知的。特别值得一提的是，胆大者如果丢了脸，神情会呆若木鸡一般萎缩到一起。而胆小者失去面子时，还是有伸缩之地的。但是胆大者在类似的情形中，就像国际象棋中的王被困的僵局一样，虽还没有被将死，但是却动弹不得了，有点举步维艰了。然而，这后面一种不适合于写进较严肃的话题里面，只适合于写进讽刺的小品当中。

胆大之人往往盲目，因此它看不见凶险和烦恼。所以，它把胆大用在决策上是有害而无利的，用在行动中是有利无害的。正因为这样，所以对胆大者只可能让他们做副手，受置于他人的命令之下，永远不能让他们做统帅，还要善于相应地发挥他们的特长。必须知道面对事情需要在商议的时候最好考虑到风险，然而在行动时最好不要考虑风险，当然，是在这些风险不是特别大的情况下了，除非它是具有毁灭性的。

论性善

　　善既能够理解成是古希腊哲学家所谓的"仁义"，也能够理解成为造福人类，也可以是指"人道精神"，但是这种的表达善意还不是那么具有深刻表现的意义。

　　善是人之常情，然而性善则是一种倾向。人类的一切精神和道德品质中最为伟大的是仁慈和善良，是最具神性的，因为上帝本身就是"善良"。假如我们丧失了这种品格，人们充其量就是一个忙碌而无趣的、既可怜而又可悲的家伙，那这跟一个寄生虫有什么区别？行善符合神性的仁慈精神，或许它会弄错对象，但是却永远不会太过分。曾经有一个过分要求的权势欲出现在圣经中，使得天使撒旦堕落成魔鬼的故事。相传撒旦原本是神，但是他为了篡夺上帝的位置，坠入了地狱，最后沦落成为了魔鬼。在《圣经》中还有一个故事，就是一个人过分地追求食欲，然后让人类的祖先失去乐园。也有传说，因为人类的祖先，亚当，和夏娃受到蛇的引诱就在天堂中，才偷吃了智慧树上的果子，所以被上帝逐出了伊甸园。无论是对神还是对人，只要有善良仁慈的德行，都不会因为过分而成为更加危险的隐患。

　　人在内心深处往往趋向于善。向善在我们心中根深蒂固，所以这种仁爱之心即使不施与人，也会施于其他动物身上。就和我们看到的土耳其人那里一样，培根对落后民族诬蔑的论断就是：他们是一个野蛮的民族①，这显现了他的欧洲中心主义的民族观点。但是他却对狗和鸟这一类的动物反而相当的仁慈。据一位旅行家伯斯贝斯荷兰的记述，在君士坦丁堡，一个欧洲的女人就因为虐待了一只鸟，险些就被当地的人们用乱石砸死。

确实，人性中虽然有这些善良存在，但有的时候难免会犯错。所以有句来自意大利很讽刺的不礼貌的话："因为过分善良，一个人有可能会成了废物。"在意大利有一位政治思想家和历史学家博士马基雅弗利，他还是文艺复兴时代意大利著名的政论家，而且他曾经著有《君主论》等，他写下了这样浅显易懂但是却是用足够的自信说的话："基督教的教义让人们不仅成了软弱的羔羊，而且也成了残忍和不公的牺牲品。"他之所以这么说，或许是因为基督教和任何其他法律、宗教或学说都不一样吧，因为基督教更强调人性的善良仁慈。其实善良这种习性下潜在巨大隐患，我们需要意识到为了避免由于过分善良而遭到的耻辱和危险，可以与人为善，但千万不能被有些人的假面具和伎俩所蒙骗，而变得容易轻信和软心肠。老实人因为自己的好心而上当受骗，这样就是因为善良让他们变成了可笑的轻信和懦弱。正如《伊索寓言》中我们就绝对不能把一颗宝石赠予那只公鸡一样，因为他拥有的那颗大麦粒已经足够让它觉得满足幸福了。

上帝是无所不能的，他曾经这样教诲我们："天主普照阳光，

① 本书中时见培根对落后民族的诬蔑之词，反映了他的欧洲中心主义民族观点。

照给了好人，同时也给了坏人；普施雨露，即为善良的人，也为
了邪恶的人①。唯独只有财富、荣誉是不能像阳光雨露一样普照
普施，人人均等分配，这是上帝绝不能做的。"普遍的福利应该
是属于所有的人，但是特别的福利就要有所选择了。我们还应该
注意的是，人心固然应该善良，而行善却不能仅凭感情，还要靠
理智的指引，做好事的前提就是不伤害自己。神灵的启示是：别
人怎样爱你，你也应该那样爱他人。《马可福音》第十章第二十
一节有一句话："去卖光你所有的财产，赠给没有的人，然后跟
着我走向天堂吧！"如若你已经决定想要追随神的脚步了，你才
可以卖光你的所有财产；如若不是你听到了神的指引，就不要做
出这么多的善行。不然，你就好像用细小不值一提的泉水去灌溉
干涸的大海一样徒劳无功。

虽然人的生性就是善良，但是行善也应该在理性正确的指导
下。人性中存在天然向善的倾向，当然也会存在另外一面那就是
向恶的倾向。由此可见，不可否认人性中也有狠毒的一面，狠毒
的天性怎么会让人行善呢，人性中最坏的一个方面还不是那种鲁
莽、暴躁、固执的性情和脾气。

嫉妒给他人造成危害才应该算是最恶的天性。就像那种专门
落井下石，甚至专门给别人制造灾祸以谋求生存的人，他们简直
连《圣经》里那条以舔拉扎勒斯的恶疮为生计的恶狗都不如②，
他们的行径更像至今还在不停飞着的吸吮腐烂东西的昆虫。这种

---

① 《马太福音》第 5 章第 45 节。
② 《路迦福音》第 16 章第 21 节。

"招人恶心的东西"和雅典的泰门恰恰是相反的①，泰门是一位古希腊的哲学家，他不仅愤世嫉俗而且看不起人类，曾经他对雅典人说过，在我的园中曾经有一棵就要被砍掉的树，如果有谁愿意用它上吊就请赶快去。然而，他们的花园里并没有能供其他人上吊的任何一棵树，但他的所作所为与让人上吊有什么区别呢？这就正是人性中的最大的恶。或者说这样的人可能是最为适合政治的一种材料，但是他们就好比不直的木头，虽然他可以造船，可是却不能成为建房的栋梁之材。船是一定要在海里颠沛流离的，而那些房屋则必须要坚如磐石才行的。

　　善良包含了许多部分，而且还有很多不同的标志。不过，话说回来，如果说一个人不但对熟人温和高尚，而且对陌生人也能彬彬有礼，这就可以说他也能成为一个"世界的公民"。因为他的心中没有国界，所以他可以和七大洲八大洋五湖四海的人相互联系。如果他对其他人的痛苦与不幸也可以是同情的，那他的心灵像那高尚的杜仲一样必定是美好的，就像那种不顾自己的痛也要流出香液为其他人治病就医的名贵树木；如果说他很容易就去原谅宽恕别人的侮辱和冒犯，那就证明他的心灵已经超越于一切伤害之上了，这样可能他从此就不会轻易受到伤害；如果他对别人对他的细小帮助都感激的话，那就说明他更加重视人的心灵而胜过那些没有价值的钱财；最后，更加重要的是，假如每个人都能像《圣经》中的圣保罗那样非常完美的话，他宁愿遭受神的诅咒也要拯救兄弟同胞——《新约·罗马》圣保罗乃至不怕被逐出

---

　　① 泰门，古希腊人。由于愤世嫉俗而看不起人类，曾对雅典人说："我园中有一棵树，我就要砍掉它了，谁愿意上吊请赶快去。"

天国而说："就算是自己被诅咒，与基督分离，为了我的弟兄，我的骨肉，我心甘情愿。"① 这就是他具有非凡的品行，所以进而与神耶稣一样了。

---

① 《新约·罗马书》第9章第3节：圣保罗说："为我弟兄，我骨肉之亲，就是自己被诅咒，与基督分离，我也愿意。"

论贵族

我们一般从两个方面讨论贵族这个话题，一个就是关于贵族阶层在国家中的地位，另一个就是关于贵族本身的特性。

就和土耳其的情况一样，一个纯粹而且绝对的专制国家是根本就没有贵族的君主国家，在某种程度上，贵族的存在却让专制得到缓和。由于贵族控制了大部分人民，所以皇家君主的势力也就被削弱了。

然而，在民主政权的国家是不需要贵族的，并且他比有世袭贵族的国家更加和平，更加安定一些，少些叛乱。因为大家把自己的重心都放在了事情上面，而很少去在意人。但就算把心放在了人身上，也是因为事业的原因，也是在考虑谁最合适称职，并不是为了看到血统以及门第。这就是为什么瑞士尽管宗派林立，辖区分散，也长治久安的原因。理由就是维系他们的是共同利益并不是地位和名分。为什么荷兰的共和制度实施得特别好，也是因为他们提倡的是公共平等。因为只要公民权利平等，他们就会少了很多的纷争，在平等下的付出与收获都是令他们十分满意的。

虽然贵族的强大等级可以有利于强国和统治，但相应的也会削弱君主的声势；虽然它给人民输入了生机和活力，但是同样也攫取了他们的很多福利，但更多的是承受着来自贵族的压力。不过，有利的处境就是，贵族即使再强盛也还不至于凌驾于王权和国法之上，而且同时又保持着一定的稳固地位。正是由于这个理由，所以当民众起哄闹事的时候，他的矛头就会先有贵族进行抵挡，而不是在过早地直指君王的威严。在一个国家中，如果贵族太多则容易引起贫穷和苦难，因为这是一种极为过大的开支；从另外一个方面来讲，就是因为贵族中有很多人必然会衰落以至于贫穷，结果它就在名号尊贵与财富贫乏之间产生了极不和谐的情况。

就拿单个贵族的地位来说，我们可以用一个比喻来形容，在一座古堡或古建筑还没有破败的时候，或者有一棵参天古树枝繁叶茂的时候，每当看见这样的景象是多么令人肃然起敬啊。但是，如果见到了一个饱经风霜但是却屹然不倒的高贵，并且长远的家族的时候，此时敬仰之情不知道又会增加多少啊！新兴的贵族依靠的仅仅是权力的作用而已，但是世袭的贵族则是由于饱经时间的造就之力。

那些贵族世家的开创先祖，新贵之家所依靠的是权力，而宿贵之家所依靠的却是威望。大多是品德可能还不太清白的人，但却有一些才高志强的，如果要想飞黄腾达，就必须要靠阴谋诡计才行。但是长久地存在后人的记忆中的只有他们的优点，那他们的劣迹，则无关痛痒了。

大多数出身于贵族家庭的人就是安于享乐，不能吃苦，并且好逸恶劳的人。他们甚至还会看不起那些终日非常勤劳的人。除此之外，因为贵族他们自己都没有必要在高升了，所以那些停住不动的，在别人发达时是不容易没有嫉妒之心的。另一个方面就是，贵族之名分就是别人对他们不自觉的妒忌，因为他们所有的荣华富贵都是属于天生的。

毫无疑问，那些拥有很多贵族精英的君主，会很顺手地任用那些精英，而且也会令国事更加稳固长远。正因为人民习惯了屈服于权贵，君主要优先选择贵族中的精英人物从政，因此贵族也有机会施展其天生的才华与优越性。

论反叛

那些人民的保护者应该有必要提前对国家将会出现的政治风波有所解决，因为在一般情况下，在双方力量均衡的时候就是政治风波最为剧烈的时候，俗话说："月晕而风，础润则雨。"这就和自然世界中的暴风雨一样，在春分或秋分的时候最为狂暴了，国家也会像在一场暴风雨来临之前，经常会刮起沉闷的风，海水会慢慢地波涛汹涌起来。

太阳神曾经告诫过人们，即将发生的凶恶的反叛，总是在为变节行为和隐秘的战争而酝酿。[①] 此时，针对国家的政治谣言四处传播，谗言四处流传，这些都不利于国家，但却往往被人们所匆匆接受。动乱的先兆就是这些。正如维吉尔在叙述谣言女神身世的时候说过的一样。

相传，因为众神惹恼了"她是巨人们的姐妹"大地女神特拉，这使她十分生气，所以就生下了谣言女神，也就是凯欧和恩克拉多斯的妹妹。

从这一个神话中我们可以看出，谣言就像是历史上众神叛乱

---

① 维吉尔《农事诗》第一卷。

的余孽一般。可是谣言的的确确是即将来临叛乱的序曲。无论从哪方面来说，维吉尔的话都是非常有道理的，那就是推动叛乱的谣言和构成叛乱的行动一样，并没有什么大的区别，也不过就是兄长与妹妹，阳性和阴性有所不同罢了。还有一个普遍的情况，往往是在国家出台了最好的政策的时候才会发生这样的情况。原本应是最值得称赞的事情，并且在应该受到最广泛欢迎的时候，但却遭到了无厘头的误解和中伤，就像有很大的怨恨存在一样。正如塔西佗所说的那样："只要人们对统治者产生了不满时，他的所有行为，无论是好还是坏，都一样会使他为难的。"

倘若出现了这种情形的话，那些认为只要通过施用严酷的手段，就能遏制住谣言的人，或者认为这样能够防范，或者是根除叛乱的这样的想法，是非常错误而且危险的，都是不可取的。由于这些措施也许真的可能会成为加速叛乱的导火索。从某种意义上来讲冷静地处理这些谣言比设法压制它们会更为有效。塔西佗所说的那种下属唯命是从的"服从"，我们还应当分辨，也许就是他们表面上好像是服从的，而实际上却是在进行挑衅对政府的法令。任意地批评和责备君主的命令，就这样的举动往往是走向叛乱的预兆，会导致无政府状态的出现。尤其是当发生全民大辩论的时候，那些反对政府的人可以滔滔不绝、畅言无忌，但是那些拥护政府的人却不敢站出来讲话，如果这样，形势就会越来越凶险。

而且，正如马基雅弗利所指出的那样，君主们原本就应该是和国民共同作战的父母，加入他自己成为一党，并且还偏向一方，那就好比是一条船，因为载重很不均衡而导致覆灭①。法国国王亨利三世统治的时代十分清楚地说明了这一点。他为了消灭新教徒，先是加入了联盟，但是不久，那个联盟明白了就开始反对他。因为如果一个目标的帮凶是君主权威的时候，而且还有其他更加强大的君权约束在这之中，那么国王所拥有的一切权力也就几乎丧失了。除此之外，每当争执不断、互相攻击和派系互相斗争肆无忌惮地在十分公开的情况下进行之时，也就意味着这个政府的威信已经不复存在了，那么这个君主的处境就相当危险了。

政府里最高层官员的所说所做，都应该像关于"第十层天"里行星的运转一样有传统的观念，假如一个国家陷入无休止地冲突和党争之中，那么这就是一种恶兆。因为它表明人民对政府的信任已经消失。换句话说，就是每一个行星最高层作用力的推动下都在迅速公转。与此同时，也保持非常舒缓地自转。所以，当那些高官们在自转中过于剧烈地运作的时候，而且还像塔西佗所说的那样，"肆无忌惮到连自己的支配都不放在眼里"的时候，那么也就说明了天体运行系统慢慢地离开轨道了。因为君主的那些威信是上帝所特别赐予的，那是用来让他成为名副其实的君主所必须具备的，上帝对君主最严厉的警告，就是解除这道保卫君王的屏障。

宗教、法律、议会和财政是一个政府中四个十分重要的部门。所以当它们的地位受到撼动的时候，国家也就可能会面临众

---

① 卢卡斯（39－65），罗马诗人。

叛亲离的危险。接下来，让我们再来探讨一下造成叛乱的各种原因和动机，还有预防的方法。

因为叛乱形成的原因有很多，所以我们这就值得认真研究一下。由于预防叛乱最好的方法是驱除引起叛乱的原因。这好像就是只要有堆积的干柴，就很难预测到它会在何时何地，也可能会因为某一个细微的火星掉落下来而形成燎原的大火。最为主要的两个导致叛乱的因素：一个是贫穷，另一个就是民怨。消除导致叛乱的因素是预防叛乱最好的方法（假如时代允许的话）。社会中只要是存在着多少破产者，那么相应的也就会存在着多少潜在的造成叛乱的威胁，这是一个铁律。曾经卢卡斯[1]这样来描述过罗马内战之前的情形：

因为高利贷侵吞了人民的所有财产！
所以穷人就要通过战争来得到解放，
它的到来鼓舞了人心。

如果战争可以让许多人得到好处，那这绝对是确定而又可靠的前兆，这就表明这个国家已经有了反叛和动乱的隐患和危险。而此时如果上层阶级的破产和平民百姓的穷苦和窘迫联合在一起的话，那么危险就是需要尽快解决了，而且这样的危害带来的影响是不容忽视的。因为贫困和饥饿而引起的造反最为厉害的造反就是。在一个国家当中，至于人民的不满情绪，它就像那些坏的

_____

① 小普林尼《书信集》第八卷。

体液流动在就是人体产生的影响一样，他们一起凝聚起来的时候，就会产生一种异乎寻常的能量，甚至还会引起发炎。

君主不能忽视由于民众的不满所带来的危机，因为民众一般都是无知的，所以千万不要把人民想象得过于理智了，因为往往他们有时候也分不清楚什么是对自己有利的事物。君主衡量危机的大小也不能凭借民间疾苦的多少，有时恐惧带来的灾难并没有比贫困引发的不满少多少。

"伤心可以是有限的，可是恐惧却是毫无限度的。"①

苦难不仅可以压制住勇气，而且也可以造就人的耐力，但是它在恐惧的时候，结果也就不是这样的了。不管是君王还是政府，不能因为常常出现的不满或者因为他总是存在，抑或因为不满还没产生险情，就对不满无所顾忌。因为并不是每次的暴风雨都是成为一团雾气而引起的，但它的结果都是降落下来。并且，就像西班牙那句精妙的谚语所讲到的一样："绳子轻轻地一拽，在最后被一下给扯断了。"

叛乱的缘由和导火索是有很多种的，比如赋税，宗教的改革、法律与习惯的改革、特权的废除、无所不在的压迫、外族的小人的足迹、饥荒、军队的解散和党派之争逐渐加剧，并且无论是那一种都可以激怒大众，还可以让他们在一场共同的运动中团结在一起的事情。

针对叛乱我们需要一些弥补的方法，我们再来讨论一下如何消除叛乱，对于有效的预防方式，我们只探讨一些一般的就可

---

① 英国学者罗伯特·伯顿《忧郁的解析》中曾借用这一比喻来谈荷兰的工业。

以，但是必须要对症下药，只有这样才是非常有效的治疗，由于没有固定惯用的方法可遵循，所以只能行政会议来处理。

第一种补救或预防的途径就是用尽一切可能来驱除叛乱的物质基础，也就是说国力的匮乏和穷困。当采用以下这些措施来解决这样的问题：让自由化贸易的发展取得很好的平衡，然后保护并支持制造业，并且流放那些游手好闲的人；想办法制止浪费和铺张，提倡节约；开垦新的土地和改进土壤的质量；市场物价也应该宏观调整控制，并且要减轻人民的赋税和进贡等诸如此类的方法。

那个我们应该能够想到的是，一定要把国内人口的总数控制在国内的储备可以养活的人口数。计算人口也不要仅仅依靠用数目作为标准。因为对于一个相对来说人口少的国家，如果相应的收入也很少但是消费过多的话，这就比那些储蓄量很大，但是生活节俭的国家，消耗完它的国力用的时间更少。同样地，如果贵族要职和官员增加的速度和数量要比民众人口增加的正常比例还要大，那就会用很快的速度把国家拖到贫穷的边缘。而且，宗教神职人员的不断增加也会造成同样的局面，因为他们是生产这一个产业的，可是如果供给他们的职位少于被供养的学者的时候，那么其造成的结果也是这样的。

正如我们知道的那样，促使一个国家绝对财富的增长，国力的增强，通过对外贸易，也是非常有效的。能够进行对外贸易的常常会有三种东西的：第一个是纯天然的万物和矿产资源，第二个是本国自己的制造业，最后一个就是商船队。所以，如果这三个轮子可以同时正常地运转，这样的话就会有源源不断的财富从国外流到国内来，并且很少有人知道的更重要的一点就是：创造财富，劳务也是可以的。荷兰人最能够证明这一点，尽管他们的国家本身并没有富可敌国的矿藏资源①，但是他们所拥有的劳务输出能力相比较是很高的，这就使他们变成了一个创造财富的巨大宝库。

但是，作为统治者，就应当对国内财富加强防备，不要被少数人所垄断。如果不这样的话，即使一个国家拥有了再多的财富，那也只不过就是将更多的人民置身于更加饥寒交迫的田地。金钱好比肥料，不把他撒到田地之中，那样他本身是不会起到任何作用的。为了能够让财富可以得到均匀的分配，那么唯一可行的办法就是对高利贷以及商业的垄断、地产的垄断并且一定要用严格的法律来进行遏制。② 消除人们的不满，最起码是消除不满的危机，在这方面，对于不同的国家，都有两部分的臣民：那就是平民阶级和贵族阶级。在这两者之间如果只是一方不满，那是不会造成大的危机的，因为平民在没有受到贵族的挑拨之前，那么他们的不满就是不敏感的，而贵族阶级自身的力量又是很微不足道的，除非平民愿意给予支持。因此，如果贵族阶层心怀叵测地想让平民爆发动乱的时候，他们只要公开表示不满就可以了，但是这恰恰就是发生危险的时候。有一个杜撰，是诗人们说的，由于其他的神灵想把朱庇特绑起来，这个消息被朱庇特知道了以后，他接纳了帕拉斯的告诫，把布里阿柔所召来了，让他使用自己的一百只手来帮助自己。这个寓言非常形象生动地说明了，只

① 指英国始于 15 世纪的圈地运动。
② 希腊神话。

要能够获得平民百姓的拥戴，那么君主的地位就是非常稳固的。

对民众给予适当程度的自由，让他们发泄郁闷和不满才可以是一种稳当的办法。因为如果强硬的不让他们出来，甚至是憋出病也不让它发泄出来，那么，在这个时候就会引发更加厉害的毒疮和恶性肿瘤，那就将对人体产生致命的伤害。

说起对不满的预防，最值得我们说的就是埃匹米修斯和普罗米修斯，他们两个的办法再也没有更好的可以来效仿了。埃匹米修斯在逃出痛苦和恶行的盒子之后，盖上了盖子，然后还把希望关在了盒子下面。① 毋庸置疑，为了保持各种各样的希望，还要用点技巧和谋略来培养，在政治上的一个主要手腕，就是无论局面多艰难，都要使人民相信并非完全没有希望。这是可以缓解和驱除不满这种毒素的最佳解药之一。而且，用来衡量一个政府和政治家是否高明的一个明显的标志就是，即使它不能够让百姓全心全意的赢得民心。但是至少它却能够让民众感到有希望的寄托感，从而赢得民心，与此同时，这个政府可以有自己独特的想法来处理事情，并且任何困难都是难不倒他的，似乎任何事都会变得很有希望，都能够有解决的方法。其实这件事做起来其实并不困难，原因在于无论是党派还是个人，都是特别善于吹捧自己的，最起码他们能够敢于装出坚信不会大难临头的样子。

还有一种领头人物。他们能够预见并提防让那些心怀不满的人集聚，这种人物的威望越高，危险性自然也就越大。虽然被大家所熟知，但还是仍不失为上策的预防方法。我们认为只要拥有

———————

① 罗马独裁者苏拉自行隐退的原因历来众说纷纭，拉丁文 dictare 兼有"口授文章"和"独裁"二义。

一定的成绩和声望就能充当领头人物，备受那些对政治对现实不满的党派的推崇和信任，同时也是不满意现存的政治的。对于这种人来说，政府就要采取切实可行有效的办法来加以争取他们，并且一定要让他归降，或者就利用其他同党中的人与之对立以削弱他的名望。总之，针对各类反政府的党派集团，就应该实行分化消解，逐渐削弱，但至少是让他们内部之间互相斗争，也不失为一种有效的手法。因为要是反对政府的人内部是万众一心、众志成城的，反而拥护政府的人内部离心，那么这是非常危险的。

其实我们都明白，君主讲话应当慎重，因为在君主嘴里无意中说出的苛刻的话，也许会点燃反叛的烈火。曾经恺撒讲过："因为苏拉只是文学上的外行，所以不能'口授文章'。"① 就因为这句话他给自己带来了祸端，原因为他的这句话完全否认了人们对前途抱有的一丝希望，也可以说是在那个时刻他应该是心甘情愿地交出他的独裁者的地位。加尔巴②也是因为一句"我的将士是征召来的，而并非是买来的"就这样将自己的前程断送了，因为他这么说会使得士兵觉得没有获得奖品的希望和机会了。普罗巴斯③同样地，也是因为一句话"只要我继续活下去，那么罗马帝国就应该不再需要士兵了"毁掉了他自己的前程，因为这句话使他的士兵们感到非常的绝望。④ 除此之外，还有很多像这样的例子。但毋庸置疑的是，君主们应该对他的言行特别谨慎，尤

---

① 加尔巴，古罗马帝王，因说此话被护卫军所杀。
② 普罗巴斯（226－282），罗马皇帝之一，颇有战功，因希望和平，厌倦军旅，被乱兵所杀。
③ 普罗巴斯，古罗马皇帝，为叛军所杀。
④ 此言描述的是奥托宣布要推翻加尔巴时士兵们的心态。

其是在这些敏感的问题上和在那样不稳定的时代，有时候也会因为简短的话一旦说出口，就好像射出的箭一般不可收回了，就会被认为好像是有着很多动机一样。对于那些淡而无味的长篇大论，就不会像简短的话语那样容易激起他人的在意。

为了能够更好地提防一切可能造成叛乱的原因出现，君主身边是需要有一个或者更多具有智慧的谋士，如果这样的话，他们就可以在叛乱开始的萌芽时代就会把它给遏制住。而如果君主身边没有这样的人，那么当发生动乱爆发的时候，朝廷中有的恐惧和恐慌就有很多不可预测。塔西佗所提到的那种危险也会在政府出现："人们就是这样秉性，虽然没有一个人想要冒险来做出这样邪恶的事情，但是却有许多人渴望邪恶的事情发生并且会默许这样的举动。"除非你有这样的心腹而且还得是诚实可靠的，必须还要具有很好的名誉和地位，不是那些喜欢营私舞弊的，不是喜欢阿谀奉承的人。与此同时，他们还要和政府中其他大人物互相认得。如果不这样的话，那治病的良药就会产生比疾病本身更有害的东西。

论无神

　　我不愿相信这个宇宙是没有一个作为主宰的精神和灵魂的躯壳。我愿意相信的是犹太教的经典和《古兰经》中的一些寓言和神话，还有那些圣使教徒的传记。所以，上帝没有必要用奇迹来辩驳无神论。实际上，在宇宙中亘古以来不变的自然秩序，就足已经以推翻它了。

　　只要人们对宇宙与哲学做出深刻思考，那就肯定会使人坚信上帝，只有那些对哲学毫无所知的人才会把人往无神论引导。万物在自然界中似乎是偶然的、毫不相关的，但这也只不过是表面现象而已，其实只要我们深入地观察和思考一下，我们就会发现其实宇宙万物之间存在的因果联系是错综复杂的，并且最终只能走向一个总的宇宙——这就是神。

　　《圣经》有句话就说"心里在思考的人是愚钝的"，意思就是说"愚钝的人心里是没有神的"①，但却并没有说过："愚者理性中认识不到神。" 如果是这样来讲的话，与其说愚钝的人不会思考的，倒还不如说他是因为相信有上帝的，我们也可以说是说服

———————

① 《旧约·诗篇》第 14 篇第 1 节。

他相信有上帝的。因为是不会有人去否认上帝的存在的，除非是主张无神论可以满足私利的人之外的那群人。下面说的两个方面可以论证这一点：虽然反对宗教是无神论者的宗旨，可是其实他们本身就是在传播着另一种宗教——这就是叫作无神论的宗教。另外，因为有人信仰神所以有很多无神论者感到痛苦并去争论。换一种说法，既然你根本不相信有神的存在，那么你又何必还要为此争辩来让自己感到痛苦呢？

伊壁鸠鲁曾经十分确定地说神是存在的，只不过是因为神并不愿干预和参与人间的生活罢了。但是他最终还是受到了相应的指责，这是因为他掩盖真相只是为了他的声望而已。说神只不过是一个自我的东西，跟世界的治理根本没有关系。反对他的人在指责他的时候说，既然在他在心里认为神是不存在的，可是他还总是在摇摆不定。即使这样，我们不能否认的是，他确实也受到了诽谤，因为他曾经说过一句高贵的敬神的话："否认神的存在并不是对神灵真正的亵渎，把世俗的信念强加于神的身上才是真正的亵渎。"即便是柏拉图，对这句话也是无话可说的，事实上，虽然伊壁鸠鲁否定神对世俗生活的参与，但他却从来没与否认过神作为宇宙本体的存在。

其实印第安人也是相信在宇宙中是有神的存在的，而且他们还赋予了各种各样的名称给那些神，尽管他们并不知道上帝的名称。古代欧洲的异教徒们也是这样的。尽管他们不懂得上帝，但是却崇拜阿波罗和宙斯、丘比特①。但我们可以从这一点看出，

---

① 丘比特，金星之神。阿波罗，太阳神。宙斯，木星之神。均为罗马教之六神。

他们的宗教思想虽然不如我们所知道的那样博大精深，但即使是野蛮人还没有开化的时候也同样会具有关于神的观念。所以，谈到反驳无神论这一点，野蛮人是和高深的哲学家处于一个级别的。而真正能提出无神论理论的人是寥寥无几的，他们的理论其实是非常不严密的，相对来说好的也就只有迪格拉斯①、拜思②、卢西③那么几个人罢了。实际上，这只能算是一些怀疑论而已。此时那些真真正正的所谓无神论者更多的是不带任何感情色彩的去谈论到一些有关神圣的事情，就此下去，他们到最后一定会变得麻木不仁。出现无神论的原因主要有四点。

一是宗教的破裂，无论哪一次重大的分裂都会让双方异常的有激情，但是如果将这一情况一分为二的话，那么在派别非常多的情况下就非常可能会产生无神论了。

第二个原因就是关于一些僧侣的丑闻，但当丑闻发展到圣伯纳④所说的那样"我们现在敢再去说，教士和民众是一样的，因为民众事实上还没有教士那样糟糕"的程度，这样也是会导致无神论的产生的。

第三个原因就是讽刺那些神圣事物里充满亵渎的风俗，正是由于它的存在，宗教的尊严才一点一点地被损坏了。

第四个原因就是学者在一个时期内当道了，尤其是当社会处在一个繁荣与和平的时期。因为对宗教更加心仪的是动乱与逆

① 迪格拉斯，公元前 5 世纪雅典哲学家、诗人，后因不信神灵被判死刑，逃往科林斯。
② 拜思，公元前 3 世纪希腊哲学家，曾撰文嘲讽诸神。
③ 卢西在《演悲剧的宙斯》中批驳神造世界一说。
④ 法国教士。

境。如果人类再次陷入苦海的话，他们就会发现自己非常需要祈求神的帮助了。而对于那些否定神的人，也就相当于是在摧毁人的高贵，因为人在肉体上来说与禽兽是非常接近的。这么说来，人就会成为卑贱下作的一种动物。运用这些手法来破坏人品的高尚和人性的升华的就是无神论的所在。

我们拿狗来作为例子，在它发现自己不用为食物发愁只需要受人喂养之时，对于它来说这个人就是就像神灵一样，也或者是更加高超的一种灵性，在这个时候它就会觉得是无比的尊贵和无畏。假如它对高过自己的灵性没有了信仰，那么对于狗这种动物来说，他肯定是远远不能够如此无所畏惧的。

如果人们能够坚信自己是在神的庇护和恩宠下的话，他就会获得人性本身所无法获得的力量和意志。正如无神论在无论何时都是可恶可恨的一样，它就是剥夺人类超越本性脆弱的一种工具，这个道理不仅适用于人，也适用于国家和民族。在这个世界上罗马是再没有比它更伟大的国家了，就像西塞罗所说的一样："我们完全是可以为自己感到自豪和骄傲。而对于这个国家而言，我们在人数上虽说没有西班牙人多，也不如迦太基人机敏，在体力上也远远不如高卢人，而且在计谋上还不如希腊人，甚至也比不上土生土长的意大利人和拉丁人对于这片土地和这个国家的眷恋之心，但是我们对神的虔诚和宗教信仰，并且服从神的意志安排，以及把不朽的诸神视为万物的主宰这一智慧上，却大大胜过了任何一个国家和任何一个民族。"①

---

① 希腊神话。

论迷信

  对于神，选择胡乱地发表谬论，倒不如缄口不言，乱言只不过就是不敬而已，不言也就仅为不信，而迷信就无疑是对神的一种亵渎了。而且，对上帝的无礼程度越严重，也就对人的危害程度也就越厉害。就好像谈论萨杜恩罗马神话中的农神的一个诗人，经常就被认为希腊古神话克罗诺斯，这个神就因为听信其子篡位，就会在儿女诞生之时就把他们吞噬的情况是一样的。针对这个情况，古希腊传记作家普卢塔克说得好："我宁愿所有的人根本就不知道普卢塔克这个人的存在，也不愿他们说有一个普卢塔克，他就是一个会吃儿女的人。"他针对史诗中关于大地之神塞特恩①的说法才说的这话。

  哲学、骨肉亲情、理性、法律和功名里面是不包含宗教的，但是却可以成为一种潜在的道德原则，因为无神论把这些东西赋予给了人类所有。然而，人心里建立一种独裁的专制就是迷信所在，并销毁这些东西。所以，无神论也是会让人克己自制的，从未涉及不是自己的事情，而且也从来都没有危害过国家。在无神

————————

  ① 塞特恩，罗马神话中的土地之神，以人为祭品。

论非常盛行的时候，就像奥古斯都·恺撒，就是文明盛行的时候。但是许多国家罪孽的根源却一直都是迷信，因为他强烈地干扰了政府这类人的正常运转，打破了正常的统治秩序。民众乃是迷信的主体，只要是有迷信的地方，都是智者跟从愚夫，理论掉转次序地要对实践削足适履。

经院派哲学家是中世纪最有影响力的思想家，他们致力于把思想纳入一种逻辑的形式之中，里面的信念就占很大影响力，由教皇于 1545 年召集的天主教第 19 次主教会议的特兰托会议，就是在内部实行调整，力图联合各派势力打击宗教改革力量。这个会议一共经历了 18 次，还有些主教信誓旦旦地说："经院哲学家就算是天文学家一样。天文学家所知道的这些东西都是不存在的，但是他们可以虚构出本论及类似的轨道论，诸如离心圈用以解释天文现象。"[1] 的确，经院哲学家效仿此做法，创立了很多特别的、奥妙的原理和定律，用以解释教会的实践生活。

迷信的原因有很多种，在外观上，重形式和法利赛人[2]式的通常就被视为是外表虔诚，虔诚也就是内心冷漠的伪善的代名词；在礼仪上，在乎愉悦和感官感受；在人事上，主教们不择手段的谋算个人的野心或利益；在传统上，那些严重盲目信从和崇拜的，只是会给教会加重负担而已；在心理上，钟情于追求仁慈，最终只会给自大和标新立异打开方便之门；在历史处境上，刚好是蛮荒时代，同样也又遇见了天灾人祸；在神学观上，用凡

---

① 离心圆、本轮均国哥白尼之前托勒密旧天文学的术语，以虚构的方法描述宇宙星球的运动。

② 法利赛人为犹太教中之一派，其宗教礼仪以虚伪无实而著名。

人之心来揣测神圣之事，导致产生了混乱的妄想。

　　就好像一只猿猴如果太像人的话就只会让我们觉得丑上加丑一般，迷信到了好像是一种宗教的时候就会变得更加丑恶了。毫无隐讳的迷信其实是极其丑恶的东西。同样地，无论典章和律例再怎么好，如果腐坏了就会变成烦琐冗长的形式，就好像新鲜的肉如果开始腐烂的话就会生出许多蛆虫一样。除此之外，当人以为对以往既成的迷信避得越远越好时，就会产生为排除迷信而产生另一种迷信了。所以我们千万要避免将好的东西和坏的东西一起去掉，因为这就像清除体内病患的手法一样。但是面对这种蠢事，在当凡夫俗子出面实行改革的时候，就常常会干得出来。

论旅行

　　说起旅行，很多年轻人是作为学习知识的过程和途径的一种方式。然而对于成年人来说，旅行就是丰富人生阅历和经验的一种最佳方式。

　　如果你想去其他的国家去旅行，那么就必须去学习一些其他国家的语言，不然就不能够说是一种游历，而是只能说是去上学了。这些年轻人如果能带上一个了解各国语言和风情的向导，或者能够在导师的指导下旅行，他就可以特别轻松地了解其他国家的风俗。要起到很好的帮助作用，一个稳重的仆人也是可以的，因为他们可以告诉那些缺乏经验的年轻人，怎样的地方、怎样的景物是最值得观赏的，怎样的人是需要结交的，哪个地方的风俗和规则是必须了解记住的。否则这个年轻人将会像是被蒙上眼睛一样，毫无头绪，而且收获还是很少的。

　　当人们在进行航海旅行的时候，只有广阔的天空和大海陪伴着他们，人们就会在这时用记述日记的方式来让时间充实。和陆地上相比较而言，有层出不穷的新奇的事物，但是人们却往往忘记用日记记录下身边的一切。这是非常奇怪的一件事情。这难道不是偶然性的、机遇性的事物比应该认真观察的东西更值得记录下来吗？因为日记可以记下所有的事情，所以人们在旅行中就更加应该坚持写日记。

在旅行时，我们应当观察一些事物，比如君主的宫廷，尤其是在他们接见那些外国使节的时候；还有法庭与法律的实施情况；城堡、港口与交通、文物古迹和废墟、教堂和修道院、圣教的宗教法院、城墙或者关口的纪念碑；还有相关的文化设施，比如图书馆、会议、高校、演说；军事设施和兵工厂、弹药库、交易所、仓库等一些经济设施，船舶和舰队；宏伟的建筑和美好的公园；体育，尤其是骑术以及篱笆、士兵的锻炼、剑术、体操等等。有钱的人往往在到达的度假胜地里面专情于珠宝财富、礼服、戏院、艺术品和工艺品以及其他珍稀之物。总之，留心观察所到之处的一切都是值得永远保存在脑海中的事物。导师和仆人们要勤于打听并且妥善地进行引导。如果你加以比较的话，那些类似凯旋典礼、假面舞会、闹剧（盛行于宫廷中的一种诗剧）、宴会、婚礼、葬礼等十分热闹的场面，不能说完全不顾吧，其实也没有必要过于放在心上。

我认为，作为一个年轻人，如果想在一次时间和空间都十分有限的旅行中，迅速有效的获取知识，那么下面要讲到的事情就必须要好好研读了。第一，在去异国旅行之前，一定要掌握所去国家的语言。第二，最好再找一位了解异国情况的老师或者随从，或者是其他人只要能够起到类似作用就可以。然后，就是一定要让向导带上介绍这个国家情况的书籍、地图、卡片等等类似的，因为只有这些东西才可以相当好地描述旅行目的地的情况，在旅行中，这可是获得信息极其重要的一种方法。最后，当然就是坚持写日记，是一定要的，不但如此，尤其是在一个城市或者小镇住下来的时候，都要根据该地知识价值来决定在每一处逗留时间的长短，尽量不要耽误太久。最好经常换某一地区的住处，如此一来，这是非常有助于更广泛地结识各界人士的。还有在交际的时候，尽量不要选择本国人，想尽办法去接触当地名流。也可以到上层社会通常都会去的交际娱乐的场所去用餐，这样可以有利于结识到旅行当地的上流社会的人物，只有这样当你在自己遇到麻烦的时候你就可以得到他们的照顾。最好在各地旅行搬家的时候，还可以想方设法地得到一些知名人士的推荐信，这样的话，就能够在自己找寻认识各界人士或者风土人情的时候，利用知名人士的名声，就可以使旅游时间不会消耗太多同样也能获益匪浅。

对于你在旅行的过程中认识的各界人士，可以观察一下他们的实际与所负名望是否相称。结识各国使节的秘书和随从就是对你最有益处。和他们的交往方便于即使只到一国，就可以了解很多国家的情况。人们最好在旅行的时候可以去访谈一下当地居住的名人，尤其是那些名扬国外的，这样就可以明白为什么他们会有如此成就。

但是，千万要注意不要搅和到纠纷和斗争中去。通常情况下，通常这种争吵和决斗的原因无非就是争夺情人、位置、财富、年轻气盛或者是语言过失。所以，每个人在待人接物上都应该小心谨慎，为了杜绝发生不必要的纠葛，特别是在和那种喜欢争吵，那种性情容易冲动的人交往时就更加有必须这样，如果不这样的话，他们就会将你拉扯到是非纠葛之中，使你连喘气的机会都没有。回到家里之后即在旅行结束之后，不要把已旅行过的异国他乡都统统忘记，一定要通过各种方式与那些已经结交的并且还是有裨益的朋友们继续保持联系。另外，一个人的言谈和举止最能说明和体现这次旅行的收获了，而不是局限于一身改头换面的异国装扮以及异国的手势风俗。当开始谈论旅行情况的时候，最好不是自己夸奖而只是回答问题就行。同时，千万不要让别人认为自己只是一个出国就忘记家中风俗礼节的人，最好的办法就是把外国的精华吸取过来，把别国的优质精华与本国的风俗结合起来。

论君主

其实世界上有对很多事情都提不起兴趣的这样一种人，总是愁眉苦脸地面对一些事情，这确实是一种极其可怜的状态。但是君主们的处境往往也就是这样的。虽然说君主们拥有尊贵的地位，也应有尽有，但是他们身边时时刻刻都会有出现无法预测的险情，所以他们也就不会太快乐和开朗，所以他们的心智只会越加的沉闷。这也就是《圣经》里所谓的"君王有着深不可测的心"①的理由。无论什么人，如果猜忌太多，并且也没有可以有效地可以支配和调动他情绪和欲望的东西，那么他的心理就会变得深不可测了。

在空虚的时候为自己制造欲望的往往只有一些明智的君主，比如，组织一个社团，设计一座亭台楼阁，选举一个臣仆，学习某种技能等等，目的就是逃避这种可悲心态的出现。就像达密王射箭技术很高，尼罗王爱好演奏竖琴，卡拉卡王喜欢骑马飞奔，哥莫达王热爱剑等等②，都是非常好的例子。君主就应该关心国家大事，对于有些人来说这似乎非常奇怪，因为他们无法理解，

---

① 《旧约·箴言》第 25 章 3 节。
② 以上四人均为罗马暴君。

为什么君王不关心大事，但是却爱好这些雕虫小技，对于有些人来说，这些看来似乎是很奇怪和匪夷所思的。在历史中我们还会发现，有些君主虽然在早年的时候英姿勃发，所向无敌，但是一到了晚年整个人就陷入了迷信和忧郁的境地。德奥克里王和亚历山大大帝①就是这样的，接着还有查理五世②也是如此。原因就在于如果一个人已经习惯于叱咤风云生活的时候，一旦当他们进入无所事事的寂寞境地时，无疑就难免会倾向于颓废。

接下来我们再来讨论一下关于君主应该拥有的真正的气质。正常的气质和紊乱的气质是有交集的，但是相反，随意的混合的事物是一回事，而进行互换相反的事物则又是另外一回事。君主的真正气质是极为稀少和可贵的东西，并且长久保持是很难的。曾经韦斯巴苔③问过阿波罗尼奥斯一个问题："尼禄为什么被推翻？"他回答韦斯巴苔一个充满了很好教益的答案。他的回答是："尼禄是很擅长弹拨竖琴，可是他在治理国家的时候，却显然对此并不精通，因为有时用力过大而把琴弦轴拧得过于紧，而有的时候却又把弦轴拧得过于松。"无可厚非，有时过分地压迫，有时又过分地放松是最能毁灭君主权威的，还不如运用任意互换权力时的不平衡和不适时，毫无疑问，宽严两误是导致政治失败的契机。

当面对那些已经是紧急的危难和祸患的时候，消灭灾难逃避的计策来巩固其统治的方法往往被近代的君王采取，而并没有寻

---

① 亚历山大（前356－前324），马其顿国王。德奥克里，罗马皇帝。

② 查理五世，16世纪西班牙王，后为神圣罗马皇帝，晚年酷信宗教，受戒苦行。

③ 韦斯巴苔，罗马皇帝。阿波洛尼亚，罗马教士。

求一些防患于未然的根治方法。其实，更大程度上这样做就是在和运气比试高低。而且，应当注意的是，因为没有人有办法阻止火星跳到干柴堆上，也无法预测到它会从哪儿飞出来。所以，忽视或姑息那些可能会引起动乱的因素是不可取的。君王巩固他们统治是异常艰巨的任务，但是最大的困难其实就是在他们自己的内心。塔西佗说君主们做出相互矛盾的决定是习以为常的事情，原因就是因为君王们的欲望大多数都是强烈而又会自相矛盾的。对目的是向往的是权力的误区所在，而又不能不忍受经过的过程。

但是另一方面，作为君主，其实他的敌人应该是比比皆是的，不管是邻国、后妃、儿女、贵族、绅士，还是僧侣、平民、还是士兵，稍有疏忽，都有可能在下一秒成为仇敌。在这里我们先来谈谈关于邻国的事情。与邻国的关系是随时会出现变化的，但是不管怎样变化，有一条却是永恒不变的，这就是警惕你的邻国的实力（在领土、经济或军事上）超过你，你才可以自强不息。

在法国国王法兰西斯一世，英国国王亨利八世和神圣罗马帝国皇帝查理五世他们三雄鼎立的时期，无论是哪一方得到多大的土地领域，其余两方都会马上着手来瓜分，他们三个国家之间就这样互相觊觎着，每当其中一位强过别人时，有时候还会发起战争，他们一定不会以牺牲本国利益为条件来换取和平。由佛罗伦萨共和国的掌权者洛伦佐美第奇，那不勒斯王斐迪南和米兰大公爵卢多维卡斯福尔扎所结成的联盟，是与上述情况相似的，对于某些经院哲学家对战争的看法其实也不能相信，他们把人不犯我，我不犯人当作战争的原则了。这些每天就会埋头于书堆之中的学者，自然不会明白，潜在的危险隐患也可能成为发动战争的正当理由，即便那种危险暂时还不是事实，因为只有先前打击潜在的对手，才是预防被侵略的有效方法之一。

我们接下来看看帝王们后宫的妃嫔。在她们中有一群人的性格是极其残酷的，苏莱曼的妻子罗克萨拉娜即那位造成了著名的穆斯塔法苏丹王子死亡的人，并且用尽办法在各方面搅乱了他的家庭生活和皇位继承计划；英格兰爱德华二世的王后，在她的丈夫被废黜和被害的过程中起了重要的作用；还有莉维亚毒死了她的丈夫，以至于从此声名狼藉。由此看来，如果妃嫔们想要扶持自己的孩子继承王位时，也有可能是在她们有了外遇的时候，是最有可能发生这样的惨剧的。在子女的这个问题上，原因就是因为他们的危险和由他们所引发的悲剧，从来都是层出不穷的。但无论在何种情况下，如果父亲猜疑自己的儿子这毕竟是不幸的。前面我们提到过，苏莱曼王族的葬送是因为穆斯塔法的死。所以，土耳其王位的继承，从苏莱曼即位到现在，都将被认为是不正统的，其中谢利姆二世就被认为是私生的。毁掉了王室的还有君士坦丁大帝①处死了自己一个非常有出息的青年王子克里斯伯斯，原因就是君士坦丁大帝的其他两个儿子，康斯坦丁那斯和康斯坦斯，都死得不明白。然而那个名叫康斯坦修斯的儿子，尽管他是病死的，但是下场也是很悲惨的，不过那也是在尤里安与他同室操戈之后的事情了。苏莱曼一世征讨巴雅泽提，以及英国国王亨利

---

① 君士坦丁，4 世纪时罗马皇帝。

二世征讨他的三个背叛他的儿子。但是作为父亲是绝不可能从这种不信任中得到好处的，除非是做儿子的公然举兵进行反叛。此外，还有很多这样的例子，例如马其顿国王菲利普五世的儿子德默特里厄斯的死，他的父亲得到了报应，也因此在悔恨中死去。

其实，这正和当年那两位贝克特和坎特伯雷大主教安塞姆一样，由于高级教士的妄自尊大，所以给君王造成了威胁。并不是由教会本身所造成的这种危险，原因是在于教会估计是有国外的势力撑腰，或者是在于神职人员的选择和任命没有通过君主的钦命，也有可能是凭借平民百姓盲目的拥戴。曾经他们还试图想用主教的权杖来与君王的利剑对抗，但是不幸的是：他们遇到了威廉二世、亨利一世和亨利二世，因为这几位都是顽强而自信的君主。

提到贵族们，对于这一点，我曾经在《亨利七世传》中谈及过。君主应当和他们保持一定的距离但不应当太接近。可是要是太过于压制他们，也会给国家的政治带来麻烦，尽管这有可能对于加强中央集权来说是有利的。因为在他那个时代王权始终面临着挑战和危险，所以亨利七世一直与贵族阶层是对立的。虽然表面上贵族们忠于他，但是实际上却不肯与他合作，以至于使他陷入了一种孤立无援的境地。

还有一个组织松散的团体，社会上的绅士阶层，即那些职位较低的贵族，平时他们都是无伤大雅的喜欢高谈阔论，当然这是没有任何危险性的。他们还是作为一种可以制衡上层王公大臣们的力量存在，遏制着他不至于发展的过分强大。总而言之，因为他们是最直接的也是最接近人民的有权势的阶层，所以他们能够最有效地缓和民众的不满。

相对于国家的主要动脉来说，从事商业活动的商人就是动脉，君主如果对商人收取重税的话，是不会给自己带来好处的。如果主动脉血量不是很繁盛顺畅的话，那么这个国家即便有特别健全的四肢也很难避免不会出现血管供血不足的情况。那么，理由就非常明显了，就是如果各项税率过分增加会导致商业贸易的总量大大减少，高税率也许能带来短暂的好处，但从长远来说，只能导致国库财富泉源的枯竭，结果就是因小失大。

对于一个国家中的普通百姓，特别加以注意的是他们中间的那种精英人物。君主只要过分粗暴的干涉对人民生活、风俗、宗教信仰的话，如若不是明智果断的人来引领指导，人们是不会挑事的。再讨论一下军人和军队的问题，不要让他们对犒赏司空见惯，应该使他们保持着相对封闭的一种团体生活，因为那将是特别危险的。对于这样的事情，我们可以用土耳其禁卫军士兵和罗马禁卫队来论证。但是，训练士兵，常常调换他们的长官，把他们分开统治，把握对犒赏的分寸，这样他们不仅会成为保卫国防的坚实的力量，而且还不会有危险的。

君主的出没也可以决定人间的四季轮回，他们好比就是天上的星宿，他们决定人间的季节，所以受到世人的崇拜。但是，君主像行星那样必须周而复始的运行而不能停止。对于君主权术的以上所有论述，概括起来就是两句话："第一，君主其实也就是一个凡人而已。"第二，"我们应该明白，君主不仅是人世间的神，也是神的意志在人世间的体现。"第一句话重点是在使君主明白，他的能力也是有限的。而第二句话则是在提醒他们，让他们知道他们所做的一切都取决于他们的责任和使命。

论进言

在人与人之间进行交往的时候，是我们有义务给别人提供有益的建议和意见。而在其他事务中，我们所能够做到的，只不过是生计的其中一部分罢了，例如物品、孩子、田地、信用以及某些特别的事情。可是对那些被认为是可以出谋划策的人，则是可以将身家性命托付给他的。从这方面我们可以知道，这些谋士也就更加有义务保持忠义和信守承诺了。明智的君王没有必要认为听从臣子的忠告就会让他们的威严受损，或者会贬低他们的能力。上帝本人也并非不接受别人的劝说，并且恰恰相反，他从来都是把劝告作为自己的圣子的伟大的名字之一，其中有一个就是"劝世者"。[①] 所罗门曾经讲过："保持稳定的前提和最好的保证是劝告。"[②] 任何的事情都会经历开始的刺激和第二次的刺激，如果事先不进行商议就会被残酷地扔在命运的洪流当中，而且会有很多的矛盾，就像是有一位踉跄而行的醉汉一样。所罗门的儿子发现了劝告的力量，就如他的父亲看到了劝告的重要性一样。因为上帝非常喜欢的王国是被坏主意给摧毁得四分五裂的国家，在

---

① 《旧约·以赛亚书》第 9 章 6 节。
② 《旧约·箴言》第 20 章 18 节。

这一点上，能够把坏主意分辨出来有两种方式，所以对于我们是很有教育意义的：对于人来说，年轻人想出的那些主意必须要谨慎；对于事而言，主张暴力的主意要小心行事。

古人曾用很多故事来深刻清楚地阐明这个道理：君王与智慧是合二为一的，一个有智慧的君主与他们能不能接纳忠言是密不可分的。其中有一个故事讲的是，曾经所有神灵的主宰朱庇特娶了智慧女神墨提斯成为他的妻子，换句话说就是君权总是与智慧不可分离的。第二个故事就是第一个故事的续集，是说朱庇特与墨提斯结婚后就怀孕了，但是朱庇特在还没有分娩的时候便将她吞吃下去了，于是朱庇特自己就有了身孕，结果从他的头颅里面生出了一个全身披挂的帕拉斯女神。

一个君主治国的法宝隐藏在这段看上去荒唐的故事中，就是君主应怎样巧妙地利用朝廷上的一些争论。首先他应该把需要做出决定的事交给他的顾问团去探讨，这就如故事中最初的怀胎也可以说是受孕，但是当他们已经在智囊的"子宫"中孕育，渐渐生长快成形时所讨论的那些事情，君王就需要及时让策士谋臣停止，不能让他们开始"分娩"，这样就显现不出实施这件事情必须依靠这些智囊不可，然而还可以将他们所讨论的结果收回在自己的手里，这样公众就会觉得最后颁布的诏书谕旨都是出自君主自己的想法。这样做不但可以显出君主的绝对权威，而且众人还会认为君王是足智多谋的，以致来提高君王的威望。

但是对于一个国家来说，言论开放常常会有它的缺点存在的，所以我们就应该想到最好的办法来实施补救。首先，言论的开放会导致国家的秘密很难被隐藏。其次，流言蜚语常常会产生削弱君王和国家的权威的结果。再次，避免不了会有人为了自己的私人利益而提出一些对社会发展不利的建议。为了有效遏制住这三种弊病的发生，曾经法国效仿过意大利人所提倡的那种"秘密内阁"的制度，其实就是一种将对国政的议论权力只开放给少数人的方法。但是，这种制度所带来的弊病并不亚于那些公开言论的，甚至可能比公开开放言论更大。

谈及保密，我们就必须明白，君主可以有所选择地让他们知道，但是并没有义务将所有的事情都告知他的顾问。并且哪些应该是他必须要做的事情，他也是不应该找任何人商量的，在此期间并不需要把他要做的事情全部都告诉给别人。作为君主还是必须要小心翼翼地，万万不要透露将要做的事情的秘密。对于内阁会议来说，他们所尊崇的座右铭就应该是："我充满了漏洞。"① 因为以泄密而感到光荣的多嘴的人，所造成的危害远远超过许多守口如瓶应该保守秘密的人。

事实就是这样，除了君主之外，那些必须要被特别保密的事情，最多只能让一两个非常亲近的人知道，所以如果谋士少一点是非常好的事情，因为通常他们不仅保密，而且还可以按照一个方向保持一直不变地走下去，不会受到挑拨。其实这也就是说，他肯定会是一位特别谨慎的君主，他也一定是个非常有耐心的人。而那些参加机密顾问的也不全是聪明人，他们只是应该最值得君主信赖的罢了，他们对君主绝对有着至高的忠诚。英格兰国王亨利七世就是这样的一位领袖，他在解决最为重大事情的时

---

① 古罗马喜剧作家泰伦提乌斯之喜剧《阉奴》第 1 幕 2 场。

候，只会将机密告诉给莫顿①和福克斯②，从来不轻易透露给其他的任何一个人，他的秘密就只有两名重臣知道。

在君主的名誉和权威受到削弱的问题上，以上的论述已经给出了一些补救的办法和措施。因此，在君主们广泛接纳进言的时候，他的威严不但没有被削弱了，反而应该是增强了。因此从来没有任何一位君主，是由于有了这些人的进言而失去了他所信赖的人，除非某个谋士过于受到君主的依靠或者是几个谋士结党营私，但是这种情况很快就会被发现并受到惩罚的。

至于最后的那个弊端，并不是所有谋士的进言都是善言，人们常常也是从自身的利益出发才会出谋划策的。君王应当首先收拢世界上生性忠厚、诚恳、朴素、直爽，而不会狡猾奸诈和拐弯抹角等这样的忠义之人。除此之外，谋士们通常是不可能很团结的，往往他们是互相警惕的。但是，如果有谁为了小集团的利益或自己的想法为君主出谋划策的话，那么大多数也会传到君王的耳朵里。所以最好的补救方法就是，君主要了解他的谋士，就像谋士清楚地了解他一样。

"在君王的德行中最可贵的一点就是善于识人和善于用人。"③另一方面，作为有进言责任的官员，顾问也不可以过分地好奇他们的君主的为人作风。作为顾问的真正原则，就是要了解主人的作为而不是主人的性情，只有志这样他们才会善于进言，而不会一味地去迎合他的喜好。君主不仅应该能够征求个别顾问的意

---

① 亨利七世时任过坎特伯雷大主教、大法官等。

② 亨利七世时任过威斯敏斯特大主教，枢密院顾问等。

③ 古罗马诗人马尔提阿里斯之《铭辞》第 8 卷 15 首。

见，也应该能够征求他们集体的意见，这样才是正确的。否则他就只会阿谀奉承，这样就对他无所帮助了。因为私下顾问也可以发表自己的意见，并且在别人面前提意见则会受到更多的尊重。人们在私下里将会更加大胆地发表自己的想法，并且会和他的主人推心置腹。可是当大家在一起的时候，通常情况下是会受到别人心境的影响。所以，将两者兼顾起来是非常有利的。尽量选择在私底下听取低级顾问的意见，这么做目的就是让他们无所不谈；在公开的场合下最好是听着这些高级顾问的意见，因为只有那样他们才会感到自己的意见受到了尊重。可是如果君主听取进言只是在一些事情上的话，而在关于人的问题上却不能够听取进言的话，那么他们将是徒劳的，原因在于那些所有的事情就像没有生命的图画一样，而事情实施的关键则是对于用人的慎重得当。

在对于人的选择和任用方面，用阶级作为标准是非常不明智的做法。"死去的人就是最好的进言人"说的就是这个意思。每当顾问们唯唯诺诺准备的时候，往往书籍中会说得很清晰明了。所以阅读大量的书籍是非常有好处的，特别是曾经在政治舞台上表演的那些"演员"所写出来的书。

目前，很多的议事机关都具有形式上的表决。他们只是依附于一些政策而不是参与修订和筛选政策，这将是十分不利于政治上的一些事情。最好留给议事机关一些充分思考的时间，特别是在讨论重大问题的时候。俗话说得好："也许过一夜就会有灵机妙算了。"比如曾经运用过这样的手法的是在关于英格兰和苏格兰是否应当进行合并的问题上，议会决定为一项事业成立专门委员会的时候就是议会，其实选择那些不偏不倚、保持中立的人比任用私欲强烈和想法多的人要强得多。并且我坚持认为，建立一些常设性的专门的机构是非常有必要的，例如在军事、法律、贸易、财政等问题上设立机构。因为这些问题的解决特别需要有一批具有丰富知识和经验的专家，政策的持续性和稳定性也是很重要的。审查是这些专门委员会应当承担的责任，是要借助仲裁管理职权范围内的各种报告和控诉。然后，再把那些有必要请议会进行复审的重大问题提交议会。但是在提交委员会的讨论的时候，让过多的提议者参加的，以免形成要挟的不利局面是完全没有必要。

在议会中关于座位次序的问题，在形式上好像是一件小事，然而实际上并非如此，因为长桌上的首要位置，事实上就相当于决策的位置。大家要注意，如果君王在主持一次讨论的时候，不能够在讨论发生的过程中事先泄露自己的倾向，避免给参与者一些暗示或者压力，让参加会议的其他人不好意思再发表自己的意见。长此以往，讨论恐怕就只能听到一片"我主英明"① 的赞美之词了。

---

① 戏引拉丁文本《圣经》中《诗篇》第114篇9节。

论迟误

我们可以用集市来比作命运，常常在集市多等一会儿就会降价的好事儿发生。同时，命运在其他方面也像开价卖书的西比拉一样①，先是叫卖整套，接着就是一部分接一部分地减少卖，但仍要了和之前一样的价钱，能买时却不及时买，待你发现了它的价值再想买时，书却销售一空了。有句俗语说得好："机会就像一个女人，她最先把前额的头发显现给你抓，而如果你抓不到的话，她就立马变成秃头让你看了。"② 有可能，至少机会会先让你去拿瓶子把儿，如果这个时候你不拿的话，它就会扔给你一个非常圆的瓶肚让你去抓住，但是那几乎是拿不稳的。在事情的最初和开端，就把握住机遇，才能算最为聪明的。

危险起初看似并不是很大的事，但其实危险可能已经很大了；被强迫的危险其实要比被骗小得多。不仅如此，即使危险还在蓄势待发，最好还是要迎面而上，半路阻击，而不要眼睁睁地

① 又名《西卜林书》，是古罗马一部神谕集，相传由女预言家西比拉所作并售与古罗马王政时代塔奎尼乌斯。西比拉，西方传说中之女巫，善预言，曾作书给罗马王，索重金。罗马王拒绝。西比拉烧掉了三册，仍索原价。罗马王感到奇怪，读其书发现所预言之事极为重要，因而买其书，但已不全。

② 比喻最初见于古罗马作家加图的《道德箴言》第二卷。

看着它接近，因为人如果看久了，就会有可能懈怠了。还有一个极端就是当月光照在敌人背面的时候，会有很长的影子来使人受蒙蔽，进而会造成军心大乱，或者因出击过早而导致危险。

就像上面所说的那样，一定要权衡时机，善于识别与把握时机是否成熟。因为在一般情况下，如果是有特别重大的行动，最好派号称百目巨人的阿尔戈斯冲锋在前，再派号称百臂巨人的布里阿柔斯在后面围追堵截。前者会当机立断，后者会速战速决。聪明的人可在隐形的普路托①之盔中受益，这盔可让策划毫不泄露，让行动雷厉风行。因为当事情到了迫在眉睫的地步时，迅雷不及掩耳这样的计划就是最好的隐秘之术。这就像一粒子弹在空中疾驰而过，但是是以人眼所不能看到的速度。

———————

① 希腊罗马神话中之冥王。

论狡猾

有一种欺骗而邪恶的聪慧就是狡猾。和狡猾的人狡猾的人当然存在很大的区别，这些区别并不仅仅体现在诚实上，而且也体现在能力上。有些人只会洗牌，但是却不会打牌。同样地，有人善于结党营私，但在别的领域却是软弱无能的。擅长处事待物是一回事，精通人情交际又是另一回事。很多非常精于察言观色的人在处理实际的事务当中表现很是差强人意，这就是所谓的钻研人超过了钻研书的人的通病。与其把这种人说成是适合出谋划策，倒还不如说是更适合于阴谋诡计。并且，只有他们只有在他们熟悉的环境里面才会有特长。如果让他们去试探一下陌生人，就什么都打探不着了。曾经有一条辨别愚智的准则是这样的："送到陌生人面前的是两个脱光了的人，这样你就一定会识别出来。"这类人恰好适合用这些方法。既然如此，像杂货铺的贩子一样狡猾的人，我们不妨将其货色一一陈述出来。

在与人谈话之间就会对人家察言观色是狡猾的特点之一。这就好似耶稣会①在其会规中所讲的一样："世上有许多聪明人心里

─────────────

① 耶稣会是天主教一主要修会，其目的是反对宗教改革，重振天主教会，维护教皇权威。

藏得住事情，可是脸上却挂不住。"然而，面对察言观色的时候，也要像耶稣会士的做法一样，最好选择一本正经地低下双目。

当你要立刻处理急事的时候，先要东拉西扯些其他的话对你所交涉的对象，让他毫无戒备之心去，这样他也不会推辞你的请求，这是狡猾的另外一个特点。有一位担任顾问和书记员的人，他总是在拿着许多文件来请伊丽莎白女王签名批复的时候和女王谈论一下当下的国事。如此一来，以转移女王的注意力，她就不会太在意那些文件了。

当人在慌乱而没有办法认真考虑的时候，积极地对他做出相应的建议，可以达到预料之外的效益。

如果担心其他人会因为巧妙而有效的提议某事，想要对其制止的时候，最先应该做的就是假装自己很认同该事，并且自己主动提出建议，但是要用一种使其不能得逞的方式提出这些建议来。

有些人话到嘴边但是无论如何都说不出来，好像有所约束一样，这就更能使你对所谈的话题感到有兴趣，让你更想去刨根问底。

无论什么样的话，如果是在追问之下得出来的，总比你主动倾诉出来的要更加具有吸引力。所以，你可以摆出一副不同寻常的面容，设下一个诱饵，好让别人有一个关心你如何变色的时机。就像尼希米所做的一样，他无伤大雅地对他的国王说："我在大王的面前素来是没有忧愁的。"①

————————

① 《旧约·尼希米记》。

　　在遇到难以启齿和令人不快的事，最好先让微不足道的人先说出以打破僵局，并且让那些地位重要的人装作碰巧了的样子，以至于被人问及的时候能够及时提出看法。纳尔西索斯，是古罗马皇帝克劳狄亚斯的侍臣，闻知皇后迈莎利娜与其情夫西鲁斯秘密成婚，纳尔西索斯在向克劳狄亚斯举报迈莎利娜和西鲁斯的婚事时①，又不敢给皇帝直接说，所以就先遣两名宫女向皇帝告密，然后自己再做详责，从旁证实。也就是这样讲的。

　　对于那些自己不想被牵扯进去的那些事情，借用其他人的名义就是一种狡猾的方法，比如说"人家说……"或者"外面有人说……"

　　我曾经认识一个人，他在写信的时候，总是会在附言里写最紧要的事情，就如同那是一件顺便捎带着要说的事情一般。我还认识一个人，他在讲话的时候，总是先向后说，跳过他心中最想说到的话，回头再折回来说，然后就会像在讲一件差点要忘记的事情一样讲出来重要的事情。

　　有人为了说服别人就在等着对象出现，然后故意装出惊诧的样子。并且他会让人看到他的手里正拿着一封信，总是把正想给人看的信件，故作惊惶地假装藏起来，也有可能做着一些不经常做的事，就在等着那人问起，之后自己就可畅所欲言了。

　　狡猾的最大的特点，就是自己散布谣言，让别人去学舌和散播，然后再从中坐收渔翁之利。我知道，曾经有两个人在伊丽莎白女王的时候去竞争同样一个大臣的职务，他们的关系很不错，

————————

　　①　塔西佗《编年史》第 11 卷 29 章、30 章。

并且常常互相讨论。其中有一个说，出任一位大臣还在王权衰落的时期那样会是一件苦差事，所以他对此不太看重。另外一位马上就借用了这些说法，同他的很多朋友高谈阔论，说他在王权败落的时候当一个大臣是没有充分理由的。之前的那个人就抓住这一点，并想办法传给了女王。女王听到"王权衰落"一说，极度反感，以至于在这之后，她就再也不愿听取另外那个人的箴言了。

在英国还有一种狡猾，我们将其称为"锅里翻饼"，就是把自己说给别人的话，当作是别人对自己说的话。严肃地讲，在两个人之间发生这种的事情，谁是最开始做这件事的人确实无路可寻。

对于这种现象，有人有这么一个绝招，那就是善于含沙射影，他在他的对手面前故意对旁人进行自我开解。譬如说："我从来就不会干这种事。"这就告诉听者他的对手会干这种事。就像当年提戈里努斯①在尼禄皇帝面前影射布尔胡斯那样。② 布尔胡斯，禁卫军司令，后被尼禄处死。

有人收集了非常多的奇闻逸事，在他们需要暗示一些事情的时候，就会把它编进一个故事里，因为用这种方法不仅可以保全自己，而且又可以让听者对这些深信不疑。

有人会故意引导对方并让他的思路成为自己希望得到的结果，也是狡猾的特点之一。因为只要这样，对方会很自然地接纳自己的思路就不会固执于自己的想法了。

---

① 提戈里努斯，古罗马皇帝尼禄的宠臣。
② 塔西佗《编年史》第 14 卷 59 章。

没办法猜透的是，有人通常会在表达想要提及的正题之前，等待很长的时间，乱七八糟地把话题绕来绕去。这样做是需要极大耐心的，但却是非常有用的。

通常情况下，任何一个具有突然性的事件，出人意料的问题都是可以让人措手不及、毫无防备地坦露他们的心态。这就好比是一个隐姓埋名在圣保罗大教堂赶路的人，有一个人突然来到他的背后喊出他的名字，他就会立刻回头看看是怎么样的情况。

这些狡猾是数不胜数的小把戏，但狡猾的处世方法是形形色色的。将他们罗列一下倒不是一件坏事。因为在一个国家之中，错把狡猾充当了聪明才是最大的危害。但无奈的是，有人对这些事情是知其然，而不知其所以然，这就好比一幢可能有便利的楼梯和大门房子，却没有合适的房间一样。所以你要明白，这样的人虽然在结论上有时候歪打正着，但是却一点也不知轻重或分辨全局。但是，通常他们会因为平庸而得到益处，并且还会让人相信他们是栋梁之材。有些人做事就是在于糊弄他人，用我们现在的说法来说，就是靠耍手段，而不是靠自己真实的脚踏实地。但是所罗门说："通达人的聪明就在于明白自己所要做的事情，愚蠢人的虚妄，乃是诡异和狡诈。"①

———————

① 《旧约·箴言》第14章8节。

论自私

　　蚂蚁是一种善于为自己谋划的动物，但是相对于果园或庄园而言，他就是一种有害的东西。所以，过于自私自利的人就好像是蚂蚁一样常常会损害公众的利益，但是，他们所危害的却是社会。人应该借着理性不仅要做到自爱，又爱人，不自欺，也不欺人，尤其是对君王和国家更是这样。

　　辨别私利之心与公利之心人们应当理智点。但是在想着自我利益的时候，千万不要损伤其他人的利益，特别是不能危害君王与民族的利益。

　　人总是把自己作为行动的轴心，就如同地球以自己为中心旋转是一样的道理，但是宇宙是万物中那个息息相关的天堂，这个天堂是以很多人的利益为轴心而进行旋转的。他是比我们自己的利益还高高在上的[①]。但是对于一个君主，他的自私是可以忍的，原因就是因为他的利益不仅仅是属于他一个人的，也代表了国家的利益。但作为一个君王的臣民或者一个国家的公民，自私自利肯定是最坏的品行。因为无论发生什么事情，就一定会被他们按照自己的私利加以扭曲，其后果就是会危害国家和君王。

---

　　① 培根时代，人们相信托勒密的"地心说"。

　　所以，君主和国家在选择臣子的时候这种人绝不可以挑，除非任用他们会带来很大的价值。但是越是这样的人，就越不能让这种家伙独揽大权，而只能让他们作为一个帮手存在。但是一旦让这种自私自利的人得势，他们就会把自身的所有私利放在比君主国家利益还高的地方，并且有可能会为了私利而牺牲民众的利益，以至于变成一个无耻的贪污腐化之徒。那些自私的大使、财政官员、将军，政府官员、还有很多其他贪官污吏的国家公仆们，抛弃了他们固有的职责，用一些他们自己的切身利益和羡慕、嫉妒等等情绪，压制了君主和人民的真正的利益。俗语有云："为了煮熟自己家中的几个鸡蛋，然后就烧掉所有人的房子。"这只是一些极端自私之徒才会做的。而越是这种人越能够取得君王的宠爱。原因就在于他们的手段就是通过不择手段地向君王献媚取宠以致获取利益，而实现目的，当他们的目的达到之后，他们就会更加旁若无人地肆无忌惮了。

　　自私者有许多种形式的那种小聪明，然而总之都是非常卑下的一种聪明。老鼠式的小聪明是好比他们自己打洞掏空了房基，但是在房屋即将坍塌之前就拔腿就跑；狐狸式的聪明是哄骗别的动物，欺骗他们来为自己挖洞，等到洞一旦挖好就把那些动物赶走；鳄鱼式的聪明是在即将吞噬落入口中的猎物时，却虚情假意地流下悲哀的眼泪。西塞罗在评论庞塔时说道："爱自己超过任何人的人，迟早会遭遇不幸的。"因为他们时时刻刻都在惦记自己的利益，为了自己而牺牲他人，结果就是会让命运之神使他们沦为捉摸不定的命运的祭品。我们应该注意，不论人如何精明，自己如何精打细算，毕竟都逃脱不了命运之神的手心。

论革新

改革创新中的事物在出现开始就如同人刚出生时的样子是不美的是同样的道理，初生之物往往并不完美。

然而，话虽如此，创业的最先人，一般都要比继承者强，创业难于守成，好的开端可以为后继者提供典范。开疆扩土的先河的榜样也是不能被后世所仿效，如果要是陷入了荒淫的人性中，那么罪恶就好比是自由落体的一种现象，下落到最低端时的动能反而是最强的；然而善良就如同抛物的一种现象，动能在最后的运动时是最强的。

每种药物经历的都是一次性的革新，那些不愿意服用新药的人，一定会染上新病。唯有时间才是最了不起的革命家。因为事物终归是要随着时间而变化的。时间才是世界上最伟大的改革家。就像在连续不断的疗程中，随着时间的变化事情逐渐恶化，可是人又没有办法使其好转，其结果更是会在意料之外。

确实，很多司空见惯的事物，尽管它是有缺陷，但也可以因为习以为常而照着这样做。且长时间在一起并行的事物，看起来不可分离，因此新的事物很难和他们相容。因为它的特长就如同新生的事物固然而更加富有效果，新事物，即使再优良，也会因为不适应旧的习惯而受到抵制。但同样也会因新事物与旧环境的不适应而常常招致麻烦。此外，新生的事物就如同异乡人那样，羡慕的人较多，然而追随的人则较少。

如果这些话都正确，那就只能是在时间静止不变的情况下。然而历史是不断发展的，如若一直墨守成规，也就会像革新一样成为罪恶。对于古时代的热情追求，只会成为新时代的笑柄。

所以，人们应该遵循时间本来的规律然后再革新。时间经常使事情不可预料这是不可否认的，但却好比润物细无声，神不知、鬼不觉。不论什么都是有人得到，就会有人失去，有得者可把他看为幸运，就把它的功劳归功于时间；可是有失者却是屈的，就把它的失误完全归于革新者。

因此在政治上，如若不是迫在眉睫或者是有把握的话，尽量不要实行新政。要知道的是，尽管有许多人赞同，它还是非常危险的！且一旦施行也应非常小心，改革是必然会发生变化的，然而并不是出于喜新厌旧才提倡改革的。最后，虽然对新奇的事情不是必须得拒之门外，也应取其精华，就按《圣经》所说："我们站在古道上，环顾四周，如果见有合适大道，就一定会选择它。"①

---

① 《旧约·耶利米书》第6章16节。

论利落

  假装利索是做事的大忌之一。它就如同医生所谓的囫囵吞枣或过快消化那样①，免不了会让体内没有彻彻底底被消化的食物残留着，及各式各样的没被发现的致病缘由。所以，开会的次数不是衡量是不是迅速的标准，工作的进展程度才应当是衡量标准。例如在赛跑的时候，脚步跨得非常大或者两腿抬得非常高，不一定就跑得很快。工作上我们也应该是这样，全心全意地做事而不是想要全部，这样才会做得非常利落。有些人总是为了要假装自己是一个利落的人，要把事情急着都干完，或想用投机取巧将还没完成的事马马虎虎地应付。但是，做事紧凑节省时间是一回事，为了偷懒而减少工作时间又是另一回事。且这因为偷懒而减少工作时间的方法需要开许多次会来解决一定的工作，只会令它反反复复，捉摸不定。我之前认识一个智慧的人，每每他在人家急着要做出定论时，就会说一句口头禅："慢慢来，我们就能早些做完事情了。"

  另一方面，真正的利落是一件非常可贵的事情。理由就是，

---

  ① 用模拟消化过程的加工方法对食物进行预先处理，一般用于伤病员。

就如同金钱是衡量商品价值的标准，做事浪费太多时间就意味着买东西付出了高昂的代价。时间也是衡量办事效率的准绳一样。所以，做事如若不够利索，就要付出非常大的代价。斯巴达人和西班牙人往往是以慢条斯理才出名，"让我的死神从西班牙来吧"，意思就是希望死亡来得慢一点。

应该经常听取那些在工作上提供首要资料的人的建议。且如若需要些指示的话，就必须要在他们发言之前说明，最好不要打断他们的发言。因为发言者如若被打断思路就会乱七八糟，反复旧题，比顺着思路一气呵成要更为麻烦。有的时候很常见的情况就是，一个喜欢插嘴的主持人远远比一个啰唆的发言人还要让人讨厌。

重复说话都是在浪费时间。然而，反复解释问题的重点却是可以节约时间的，因为这样的话就会省掉了许多无意之间的废话，使人易于抓住要点，反而能提高效率。发言最好不要拖泥带水，不然的话就像赛跑时披着长袍和大衫一样。绕圈子、开场白、说自己的都是非常浪费时间的。且这些话虽然看上去谦恭有礼，实际上只是在摆花架子罢了。可是，当人们有意见或者是抵触时，要留心说话千万不要太过直白，因为对那些有先入为主的心志的对话，总是需要有铺垫的，就如同用热敷法使药膏渗入时效果才会更好一样。

利落的关键因素是做事有条理，善于安排工作的次序，分配的时间，清楚明了及突出重点。如若做事不会分门别类就永远都不能彻底地做，然而如果分得太仔细则会永远都搞不清楚。做事善于把握时机就是最大的节约，不合时宜的行为就只能是白白费力气。做事要有三个步骤：筹备、论证以及执行。做事想要快速的话，在这三步中，如若只有中间这么一步有许多人参与，那么在一头和一尾这两个步骤中，应尽量不要有太多的人参与。① 事先就拟订好方案，然后依照这个方案做事，这样做起来效率就会提高。尽管事先拟订的方案不一定完全被认同，也要比漫无边际更有助于确定自己的方向，就像炉灰还可以是肥料，都可以为植物提供生长养料一样，而尘埃没有任何作用。

---

① 此处"你"、"较多人"和"少数人"分别指当时的英国国王、国会和枢密院。

论假聪明

人们一直就认为法国人的聪明是内在的，西班牙人的聪明是表面的，事实并不是这样。不论这种说法是不是成立，只需要坦率地互相比较一下，这些说法也算符合事实。

正如同圣保罗说起虔诚一事："虽然有虔诚的外貌，但是行为却与虔诚的意义相违背。"[①] 有的人看起来精明能干，却很少或做不了正经事："杀鸡还需要去借一把牛刀。"并没有聪明的实质，是"小聪明大糊涂"。这就如同中看不中用的绣花枕头般的人只有花招，想要将表面的肤浅用博大精深来掩盖。然而这种把戏在有识之士看来只是笑柄罢了。

有的人则很谨慎，把自己的思想裹得严严实实，就如同是他们不愿把口袋里的货色摆上橱窗一样，不论什么事都要给自己留一手。当他们明明知道自己对所谈论的事情毫不知情时，却仍然在他人面前显出一副他们很懂，就只不过是不能言传的样子。

有的人则是靠表情和手势来让他们看起来很精明。西塞罗嘲讽皮索时[②]就是那样，说他："你把一条眉毛几乎撇到下巴，把另

---

① 《新约·提摩太后书》第三章五节。

② 皮索，恺撒的岳父，公元前 58 年任执政官时曾与保民官克劳迪乌斯一道控告西塞罗违法，使之流亡于希腊、马其顿等地。

一条眉毛高高地挑上额头，以此来表明对残酷的否定。"

还有一些人则顽固不化地以为用豪言壮语就可以显得自己雄辩非凡，且把自己无法做地事义正词严地当作不容置疑的真理。有些人对于一切他们理解不了的事都装出一副不屑一顾的样子，且认为是无聊或莫名其妙，好像这样就能显示出自己的高明，并以无知无畏来冒充博大精深。

还有些人一直是和别人争执的目的就是哗众取宠，他们往往都是以花言巧语来混淆视听。这种人曾被亚·戈利乌斯嘲笑是"靠花言巧语坏了大事的人就像傻瓜"①。柏拉图②也曾经在《对话录》中谈起这种人，他讽刺的对象就是普罗迪库斯。柏拉图让他写一篇演讲，他故意从头到尾使用全是分辨异同之辞。一般情况下这种人在所有的会议中都是以吹毛求疵为乐趣且还乐意扮演事先就熟知所有困难并以反对的角色来换取智慧的名声。实际上，对他来说如释重负就是各种提案被否决，大吉大利，不然的话就得去干一堆新的工作。这种小聪明其实就是事业的祸根。

一言以蔽之，就如同那些破产的富豪或背运的生意人想尽办法要挽回面子一样，唯有靠投机取巧才能来维护这些不学无术之人的能干名声不可。但充其量就是后者比前者诡计更层出不穷罢了。所以，相比较雇用一个哗众取宠的"假聪明"，在什么事业上都是言过其实的人，反而不如雇用一个反应迟钝些的老实人。

---

① 古罗马修辞学家昆提利安的《雄辩术教程》。
② 柏拉图，古希腊著名哲学家。《智术之师》有中译本。普罗太戈斯是古希腊诡辩派哲学家。

论友谊

亚里士多德曾说过："除了野兽，一个真正喜欢孤独的人，他就是上帝。"① 再也找不出一个比这句话更能混淆真理与谬误的界限的经典名言了。一个人如若真的脱离社会，甘心愿与野兽为伴隐遁山林，这也就能表明他确实有几分兽性。可是说到神性，或他这样做的原因是仿效毕达哥拉斯的信徒阿波罗尼斯②，罗马的皇帝诺曼、哲学家埃辟克拉斯③、古代的克利特诗人埃辟门笛靳④，目的在于寻找在社会之外的一种更加高尚纯洁的生活，而不是来自对孤独的炽热，不然的话想要在他的身上找出来神性恐怕是不可能的。

一般人通常不与孤独为伍，他们不但对孤独不熟悉，而且没有去探讨孤独为什么蔓延到如此广阔的空间。然而孤独随处可见，尤其是在人情冷漠的地方，热闹的人群中其实不都是亲密的情侣或心灵的知己，熙熙攘攘如潮水般的面孔充其量就是画廊中呆板的肖像画展品，而热烈的讨论和喧闹的谈话听起来更像是胡

① 亚里士多德《政治学》第 1 章 2 节。
② 阿波罗尼斯，古罗马哲人。
③ 埃辟克拉斯，见前注。
④ 埃辟门笛斯，古希腊哲学家，曾隐居山洞中 57 年。

乱敲打的铙钹的声音。拉丁格言有句话很逼真地描述了这一景象：城市实际上就是一片荒野。人们的面目淡如一张图案，人类的语言则不过是一种噪音。言外之意就是城市里更为孤独，当人们各自回家，大门就立马关上，大部分的人是找不到那种小镇上的友谊。并且我们的人生经历表明，如果一个人连真正的朋友和友谊都没有，这才是一种纯粹而可悲的孤独。这个世界因为没有真正的友谊所以是一片荒野，所谓的荒野，就是如果因为天性否定友谊，那么他肯定是来自禽兽，而不是人类，肯定就更不能说是上帝了。

友谊能够帮助我们宣泄和释放心中郁积的各种情感和心事，这就是友谊的重要所在。大家都了解循环阻滞和呼吸不畅是对人体危害最大的病症。医学告诉我们"沙沙帕拉"①非唯心理通肝气，保养肝脏的是肝精、矿物质铁也是可以健脾的、海狸肉可以补充脑细胞，但唯有真正的朋友，才是舒心最有效的药。和真心的朋友在一起，我们能肆无忌惮地自白和忏悔，不论是忧愁、欢乐、恐惧、希望、疑虑、还是忠告，只要是压在你心底的事，你都可以畅所欲言。

给这种果实定下了极高的价格就是伟大的国王和君主们。由于友谊的价格太过昂贵，一般情况下国王和君主去购买它是要冒着给自己的安全带来威胁的处境。原因是君主与他的臣民和仆人感情是非常远的，除非他们能让他们升值到同伴或者接近平等的地位，要不然就不能得到真正的友谊，而这样做又往往会带来更

---

① 中世纪的一种方剂，用于风湿等病症。

多的麻烦。在现代词汇中，这种人被叫作心腹或者亲信，这也是一种宠爱或信任的表现。然而在罗马语中，罗马语将他们称为"分担忧愁的人"，给予这些人的称呼好像更能表达出其真正的用处。这样的话就使得这种称谓存在的原因和目的结合了起来。

从历史能够看出，不仅是那些暴躁无能的君主是这样的，即便那些自古就被认为是最具有智慧的君主也会这样。按常理说君王是不可以享受友谊的。因为友谊的基本条件是平等，然而君王与臣民的地位却是悬殊的。因此，他们一般喜欢和他们的一些臣仆做朋友，彼此之间以朋友相称，且在别人看来也觉得他们是朋友，也就是朋友一词对于他们而言与普通人无异。曾经罗马的大独裁者苏拉①与庞培成为了朋友，对庞培言辞的冒犯也可以不予追究。庞培还骄傲地评价自己说："崇拜朝阳的人远远超过了崇拜夕阳的人。"

伟大的恺撒②大帝曾与布鲁图斯是非常亲密的朋友，且把他立为继承人之一，很不幸布鲁图斯的诱使恺撒堕入了圈套并最终身亡。后来西塞罗引用安东尼的话，在西塞罗眼中布鲁图斯就是"巫师"，布鲁图斯是用妖术制造出魅力来陷害了恺撒。

阿格里巴③出身卑微，也是奥古斯都的亲密朋友。当奥古斯都为了女儿朱丽娅的婚事向迈塞纳斯询问时，迈塞纳斯竟说出一句不可思议的话："由于你让阿格里巴拥有了很大的权力，因此你要么把阿格里巴杀掉，要么把女儿嫁给阿格里巴，没有别的

---

① 苏拉，古罗马统帅，独裁者。庞培是苏拉的部下。

② 恺撒，古罗马的统帅、政治家、独裁者。于公元前44年为罗马民主派政客所刺杀。刺客中有他的朋友布鲁图斯。

③ 阿格里巴（生于公元前63年），为罗马帝国名臣之一。

选择。"

塞雅努斯也把提比略提升到了朋友的位置。在给塞雅努斯的一封信里提比略写道："这些事我都没有瞒你，因为我们是朋友。"元老院就如同是在给女神献祭一样，为了赞美他们之间真挚无比的伟大友谊，因此就专门为他们的友谊筑造了一个祭坛。

另外一个罗马君王塞珀提米乌斯·塞维鲁与普劳提阿努斯①之间的友谊才是有过之而无不及。为了他们的友谊，他就逼着自己的长子娶普劳提阿努斯的女儿为妻，且自始至终袒护他的朋友，甚至普劳提阿努斯伤害他儿子时，他还写了一封信给元老院说："因为我太爱这个人了，所以我愿意在他死之前死去。"

这些君主如果真像图拉真②和马可·奥勒利乌斯③说的话一样，那么人们就会以为自己其实就是天性善良的软弱罢了，然而这些君主都是刚强而又严厉的，非常精明的，且非常爱护自己，因此他们意识到如果没有友谊的价值那么他们自己的幸福是不完整的，君主们有妻子、儿女，然而这些人却没有办法给他友谊所能带来的慰藉。只有拥有朋友，幸福才才会是完整无缺的。

科梅尼④，一个法兰西历史学家曾经对他的君主查理公爵深入研究，结果就是查理公爵从来没有与其他人商讨过重大的事件。科梅尼评价说："毁掉了他事业的就是他喜欢独往独来的性

---

① 塞珀提米乌斯·塞维鲁（146－211），罗马杰出帝王，193－221年在位。普劳提阿努斯是他的爱将，后因叛变被赐死。

② 于8－117年任罗马皇帝，以英明著称。

③ 于161－180年为罗马皇帝，以英明著称。

④ 科梅尼（1145－1519），法国历史学家兼政治家。查理大公（1433－1477），法国政治家。

格。"其实，科梅尼后来所服侍的另一位君主路易十一①，也是这样的人，然而路易十一一生最大的绊脚石就是这种孤独。毕达哥拉斯②曾经说过一句略带神秘色彩的格言"自己的心脏不要被啃噬"。事实正是如此，如若将这句说得更明白一点，也就是说那些在啃噬自己心灵的人，是不可能有朋友的。

实际上，友谊的珍贵之处就在于如果你和朋友分享快乐，你将会得到双倍的快乐；假如你向一个朋友倾吐忧愁，那么你的忧愁就会减少一半。所以对人生而言，友谊就如同那种神奇的话："点金石对于炼金术士来说的重要③。"它不但能使黄金加倍，也能使黑铁变成黄金。就如同在自然界中，通过结合物质就能够使力量得以增强，实际上人与人之间也是这样，这实际上也是种自然的规律。

友谊可以调剂人的感情，可以把感情中的狂风暴雨变成风和日丽，也可以把生活中的不理智变成理智，它不但对心理的健康有益，而且还对理智的健全也有好处。不但是因为有了朋友的忠告才会发生这种变化，还在于那些被乱七八糟所折磨的人在得到心平气和的交流之后，他的头脑就变得更加清晰，把搅乱你心头的一团乱麻，整理得井然有序。心智也会更为坚强，也就学会善于整理和表达自己的情绪，当他渐渐地认识到自己的思想是怎样变成语言之后，他就会变得更为聪明。这也就是所谓的与朋友进行一个小时的交谈会胜过一整天的沉思。特米斯托克利向波斯王

---

① 路易十一（1461－1483），为法兰西国王。
② 毕达哥拉斯，公元前 6 世纪古希腊著名数学家、唯心主义哲学家。
③ 变译作"哲人之石"。

讲过一段非常精彩的话，他说："在思想像是一幅还没有打开的挂毯的时候，心向和意念只是被裹起来了，而语言就像是一幅展开的挂毯，心向和意念都显现在它的图案之中。"友谊不是只局限于开启理智的作用，它的适用范围还给那些有能力给予忠告的朋友。人们即便是没有这样的朋友，也能够听到自己心灵的讲话，看清自己所想，这就像在砺石上打磨刀剑，锋刃只会越磨越亮。换言之，人哪怕就仅仅是对一幅绘画或一尊塑像吐露心声，也不要让他的想法在心里窒息。

友谊的第二个果实是朋友的忠告。其实这一点是显而易见的，普通人也能明白到这一点。有句来自赫拉克利特①的语意略显晦涩却非常精彩的话："最明亮的总是纯粹之光。"无可厚非，一个人只是通过他本人的理解和判断所获得的思想之光，与因为另外一个人的忠告而获得的思想上的光明相比那就更为纯粹，因为本人的理解和判断所获得的光，是会充满和浸透个人感情和习惯的杂质在里面的。所以，这正是朋友给予的忠告和自我主张的差别为什么一样的原因，因为朋友给予的忠告和自己奉承之间是有非常的差别的。这是因为人本身就是这个世界上对自己最大的奉承者，然而医治拍自己马屁的良药则是朋友的直言不讳。

朋友的良言忠告最使人心灵健全。忠告分为两类：一种是关于道德的，一种则是工作方面的。不谈第二种，朋友的忠实劝告能被认为是使头脑保持健康的一剂良药。一个人假如勇于严格要求自己，那么这种勇气有时会是一种非常猛烈和具有腐蚀性的药

---

① 赫拉克利特，公元前 6 世纪古希腊唯物主义哲学家。

物。如若完全沉迷地阅读有关道德修养的好书，那就也许会显得有点单调和沉闷。然而还有一种情况就是，有时在别人的身上观察自己的过失，结果往往与我们的真实情况又不相符。所以很多事实证明，由于许多人没有朋友向他们提出劝告，所以才犯下严重的错误，有更甚者做出了给名声和成功造成了巨大损失的事情。就如同圣雅各所说，他们就是"自己照完镜子，很快就会忘记自己的长相"的人，就是因为他们身边少了一个忠诚的朋友。

很多人认为两只眼睛看到的不一定比一只眼睛看到得多；或是认为当事人最明白自己的处境；又或说是一个充满愤怒的人，明智的人未必没有一个是冷静的。就如同一支火枪，不但可以架在支座上开火，也可以托在肩膀上开火。总而言之，这种观点认为有没有别人的帮助结果都一样。这一，都是一些可笑幼稚的想象。然而追根究底，良好的忠告才能够使工作变得更为井然有序。

如若有人认为他愿意接受忠告，可是必须有条理的来，可以向不同的人请教不一样的问题，这当然也是可以的，只不过这种做法存在两个危险。一是他将不能听到忠实的劝告，除非这个是出自一个完全诚心的朋友的劝告，不然劝告就只有那种出于某些不可告人的目的而提出的。还有一个危险就是他得到了矛盾的劝告，且不知道如何是好。这就如同看医生一样，某位医生并不了解你的体质，可是被认为是治疗你所患疾病的权威专家，因此即便将你治愈，也可能是得一段时间的，更不幸的还也许在其他方面又破坏了你的健康，矛盾的结果是：虽然治好了疾病却又杀死了病人，这难道不是得不偿失吗？然而一个了解你的朋友却会留心细节，会在推进事务发展期间去除其他不必要的麻烦。因此，不要依靠分散的劝告，因为它们并不能给予正确的指导。相反这可能会混淆视听，甚至会误导方向。最可靠的忠告只能来自于最了解你事业情况的朋友。

友谊的好处就如同一个石榴的果仁那么多，它各方面的好处都是不计其数的。如若非得要来阐述它，你只需思考一下自己一生中一个人能完成所有事情的可能性，就可以明白友谊有多么重要了。因此，古代的哲人说："第二个'我'就是朋友。"尽管这句话并未尽善尽美，因为另外一个我并不只是朋友。人在有限的生命里，多少人抱着壮志难酬的遗憾撒手人寰。这时假如有一位知心的挚友，那么他就可以死而无憾了因为将由一位可靠的人来承担没有完成的事业。事实上一个好朋友可以是你的再一次生命，也可以说是让你的生命未完成的事情可以得到延续。

人生中有许多不方便事必躬亲的事。比如一个人是很难陈述自己的功绩的，因为这样就会有自夸的嫌疑。还有在需要帮助的时候，人们低下头去恳求别人又会被人的自尊心阻止。然而如果有一位可靠而忠实的朋友，那就可以使这些事容易又妥当地办到。就如同在儿子面前，你是睿智有威严的父亲；在妻子面前，你是可靠又坚强的丈夫；而在仇敌面前，你是凛然不可侵犯的劲敌。然而在朋友面前，你就能全然不顾这一切了，因为他会实事求是且就事论事地为你主持公道。

在人生中友谊的重要性一句话说不清，也就是说它的好处简直是不胜枚举的。当面临危难时，如若一个人他没有能够信赖的朋友，那我只能很无奈地说他的结局正能是失败！

论消费

有一个浅显却又寓意深刻的道理就是赚钱是为了消费，但消费还是要以荣誉和善行为基准。特别是大笔的开支更需要根据它的价值大小和用途为标准，有的人甘愿为了祖国倾尽其有。但在日常的花销中就应根据个人财力为标准，不要被仆人欺骗，要结合自己的实际情况来确定支出，且还要在这样的基础上尽可能把一切都安排的体面，使实际花销超乎外人的估计，以低于估计的支出，得到高于它的效益。

一个人如若只想着怎样保持收支平衡，那他的日常消费就应仅仅占他收入的一半。然而如果他想变得更为富有的话，那他的消费就不应该超过收入的三分之一。抽时间来检查自己的财产绝不是一件有失身份的事，即便是大人物也不例外。可能有些人是疏忽大意而不愿去做，也许因为害怕发现自己面临财务的困境会使自己感到沮丧。然而如果伤口检查不仔细，是永远都不能被治愈的。假如自己真的不能检查自己的财产，用人得当就显得很重要了，应该谨慎地经常调换他们，原因就是新雇用的人因为胆子小而不会另有企图。

对于那些有能力而仅仅偶尔对自己财产进行检查的人，也应把一切日常的收入和支出分配出来，来保证收支的平衡。也就是说如果某项开支增大，就必须在其他项目上加以节俭。比如，假如你更喜欢精美高价的食物，在衣着上就应当节俭；假如在房屋装饰上投入太多费用，在马厩上就应当节俭；其他也应如此。假如每项开支都不加节俭，最终只会面临倾家荡产的局面。针对于那些背负着债务的家庭，就不可操之过急的消费了，不要急于一下还清，如果想要最快的还债，就要把偿还的期限控制在最短的时间内，这样对自己是有利的，因为长期支付利息是不堪重负的。还有出售财产来急于把债务还清的，也是不正确的。另外，短时期就还清债务的人通常是会去再次借债的，因为他觉得自己不费多大气就可以脱离困境，就会放任自己重蹈覆辙。那些偿还债务很慢的人，在偿还的过程中就会渐渐的养成节俭的习惯，因此这慢慢地过程有益于他保持将康定心态，也有利于他财产的增加。

维护自身尊严是要从细节做起的。一般来说，与其赚取一些低声下气的小利，倒不如省下一些体体面面的小钱。对于那些属于没有尽头的连续性开支要量力而行，然而对于那些可以承担的不会重复的一次性开支，是可以去投资的。总而言之，对待自己的日常经济支出应始终小心翼翼，但对那些一次性的开销不妨大方一点。

论强大

雅典的特米斯托克利总是让人觉得有十足的傲气，这是因为他喜欢通过言语为自己炫耀，但他的言论历来都被视为真知灼见，因此是广为推广的。在一次宴会上有人请他弹琴助兴，但是他却毫不避讳地回答说："我擅长的不是琴艺，不过我却非常精通如何把小城变成大邦。"① 他一向咄咄逼人，桀骜不驯。但他这句话确实能够作为评判政治家的尺度。他仅借助了隐喻的手法，就生动形象的把评判政治家的标准给表达出来。

假如认真地考证一下政府官员，那国人就会意外的发现，那些能够使小国变成大邦的是不擅长弹琴的人，而那些精于弹琴的人却没有把小国变成大邦的本领，且还具有一种把一个繁荣昌盛的国家引向衰败和没落的才能。既然官员能讨得君王的欢心并赢得百姓的喝彩是凭借这种已经蜕化的功夫和本事，那无可厚非，这种本事就只有用"乱弹琴"来形容最合适。清楚的话，他们尽管善于在大庭广众之下哗众取宠，但对于治国经邦却毫无裨益。这一类雕虫小技也只不过是暂时性的辉煌，只有玩弄手腕的人自

---

① 普鲁塔克《希腊罗马名人列传》中之《特米斯托克里篇》第 2 章 3 节。

己觉得高雅和体面罢了，而对他们所服务的国家的繁荣进步是没有丝毫作用的。还有一些被视为是"称职"的高官要员，也就是全靠他们巧妙地处理了国家事务，且保证自己不陷入危机和困境之中，然而这并不是使国力得到增强的称职，也不能使国库得以充裕，使国运走向繁荣昌盛。我们关于官员的话题就先到这里，我们更想谈的是国事本身，且这才是雄主明君最喜欢的，也就是谈谈一个国家的真正强盛要如何衡量以及怎样才能走向强盛的道路。讨论这个话题的目的有两个：一是让君主们不要妄自尊大，二是让君主也不要因为妄自菲薄而优柔寡断。

你可以计算财政收入的多少，测量一个国家疆域的大小，可以从图表和地图上了解它的城镇的多少和大小。同样可以从户籍册中可以得知人口的分布。然而对一个国家国力和兵力的评估判断，就不是那么简单了。我们知道，基督并没有用一个大大的果仁或干果来比作天国，而是把它看作一粒小小的芥菜种子，即使芥菜种子只是很小的一粒种子，可却拥有快速增长和扩展的性质和精神①。这就如同有些国家虽然幅员辽阔，却并不能够继续开疆拓土或者统领他国；而一些虽然疆域狭小的国家，如同一棵弱不禁风的树苗，却能成为伟大君主国的典范。同样，如若国民没有那种强悍而且崇尚武力的体质和气质，那弹药库、坚固的城池、军械和大炮，骏马、战车等都仅仅是没用的装饰品而已。国家的强弱，并不只是取决于它们，国民充其量就是披着狮子皮的绵羊，外强中干，在关键时刻非常不好用。这也表明，国家军队

① 《新约·马太福音》第13章31节、32节。

最主要的是士兵的勇敢精神而不是单纯的数量优势，就如同亚如维吉尔所说："羊即使再多，也不会令一只狼感到为难。"

波斯军队在埃尔比勒平原上浩浩荡荡，其阵势非常壮观以至于亚历山大阵营里的将军都感到有点惊慌失措，于是他们建议亚历山大在夜间进行偷袭。此时亚历山大说他不喜欢偷偷摸摸，最终他光明正大且轻轻松松地取得了胜利。亚美尼亚王提格拉尼率领 40 万军队驻扎在山头，当他看到进攻他的只有 14000 人马的罗马军队时，便很高兴地说："这些人作为使者倒是还可以，但和我们作战就显得太少。"可是还没到傍晚，他就被这帮看似弱小的队伍打得人仰马翻，无处藏身。也就是说，两军交战的时候勇者胜，兵力强弱在于骁勇而不在于数量。因此我们可以说，一个国家强大的关键就在于要有骁勇善战的国民。俗话说得好："战争的肌肉是金钱。"可是这肌肉如果不是附属在一个健康强壮的身体上的话，那么充其量也就是一堆烂肉罢了。

利底亚的国王克里沙斯曾向雅典政治家索伦①炫耀他的财富，索伦不动声色地回答："陛下，这些财富不属于任何人，在将来的某一天它只能归强者所有。"因此，治理国家的人一定要懂得这样一个道理，数量庞大的军队和财富都是炫耀的。至于那些花钱雇来的散兵游勇就更不值得一提了。

如果一个国家的苛捐杂税负担对人民来说太重的话，他的人民就不会是骁勇善战的。你见过驴子负重也成为彪悍的雄狮吗？换言之，除非一个人民自愿为国家缴纳赋税，例如荷兰和英国。

———————————

① 梭伦，公元前 639 – 前 559 年，雅典政治家，立法者。

话虽这样说，一个国家军费负担过重也是不可能强大起来的。如若想让国力变强盛，抑制不劳而获的贵族和那些放高利贷者的发展是一定要执行的，不能使这两个阶级过分膨胀。不然的话他们都将吞食消耗掉农民与工匠的劳动成果，这样国家就会处于本末倒置的状况。这也就如同森林中的情况，在高大的乔木投下的浓重黑影下面很难出现灌木生长的现象。

所以，在一个国家里，如果官僚的人数太多，就会导致平民百姓的地位变得卑贱。这样造成的严重后果就是在步兵部队的一百个人里面，就不会有一个是戴头盔了。大家都明白，军队的中枢神经就是步兵，因此我们常常可以看到，某个国家人口虽然众多但是实力却差强人意。想要清楚地看到这一点，只需把英国和法国放在一起做比较就可以知道了。尽管英国领土比法国小得多且人口也没有法国多，但是力量却是非常强大的。这是因为在英国，平民百姓都可以成为优秀的士兵，英国人民的素质高于法国，而法国随便一个雇农则不可能是优秀的士兵。在这一点上，英王亨利七世的策略是值得佩服的。在农业方面，他限定了最低标准耕地和住宅。也就是说这能使任何一个臣民的生活达到富裕和便利的程度，而脱离被奴役的状态，让耕地维持一个比例就可以实现的；伴随着的是使种田的人成为土地的拥有者，而不再是无利可图的雇工。这样的话，维吉尔所想象的古代意大利的那种气势磅礴的局面就能实现了。强大的武力和肥沃的土地是一个国家走向强大的动力，"田地丰饶，士卒强盛"。还有一种情况也是不可忽视的，就是那种上流人士的奴仆都和贵族享有自由的国家。我查到的历史，英国是拥有这种特点，而且除了波兰，我在其他地方从来没有见过。在从军的素质上这些享有自由的奴仆，一点也不比自由的平民差，毫不夸张地讲，有过之而无不及。因此，当贵族和上流社会的辉煌、豪气、慷慨有礼的风尚，前呼后拥的排场，潜移默化地成为当地的习俗之后，的确是一个国家在军事上走向强大得最有利的情况。同样假如连贵族与上流人士都在生活上省吃俭用且深居简出，则必然会导致兵力的困乏。

就像同尼布贾尼撒在梦中所见到的国粹之树那样，干枝不论如何都要强大到足以支撑起相应比例的树枝和树叶才可以。① 换言之，君主或国家的原有国民必须与他们所统治的归顺臣民的数量保持着恰到好处的比例。它的寓意是，即使一个小国，如若具有开放的心态和兼容并蓄的国策且善于不断从外部吸取人员和文化上的精英，那它也一定可以发展成为一个一等的强国。一个拥有无与伦比的大智大勇的弱小民族，虽然可在短时间内征服并占有大片的国土，但如昙花一现，不久就要破败。斯巴达人一向在外人归顺这件事上的眼光是十分挑剔的，因此当他们只守着自己的边境时，他们是坚不可摧，固若金汤的，然而他们一旦开始对外扩张，拓展领土范围的话，统治者的能力就像连树干都支持不了树叶的时候，他们就像冬天干枯的果子一样，弱不禁风。

还可以仿照罗马的一种做法。历史上最乐于向世界开放的城邦是罗马。一切愿意归顺和在罗马城定居的人可以任意得到公民权，罗马人压根一点也关心，他们出生在什么国度，不止这些，这些外籍公民还能享有与罗马人完全相同的权利——不只享有婚

───────────

① 《旧约·但以理书》第四章。

嫁权、继承权，贸易权，且还享有担任公职的权利和选举权。不仅授予这些权利给个人，也授予家族、城邦甚至一个国家。此外，罗马人也把自己当成是世界的公民，他们连续不断地向外扩张、拓展和移民。这就是罗马的制度为什么被世界化的理由。一个理由是罗马走向了世界，而另一个理由就是世界走进了罗马。罗马由一个小城邦迅速成为称霸一方的世界强国的原因就在于此。

同样让我们感到不可思议的是，西班牙人口如此稀少为何能够获得并保持那么强大的宗主权呢。于上述两者相比，无疑西班牙本土就是一株巨大的树干，它的力量远远胜过了兴国之初的罗马和斯巴达。除此之外，他们即使从来没有签订让异族人自由入籍的规定，但他们却有一种不亚于授予国籍的方法，在西班牙国王颁布的国事诏书中我们就可看出，他们好像此刻也意识到了本土人丁不旺的这个缺陷，这就是他们要招募各族人进入军队的原因，且一视同仁，更有甚者还有担任高级将领的异族人。

在一些行业里，例如制造精密的仪器是需长时间在室内坐着工作的。这些工种的性质与军人的性格确实不相容。在一般情况下好战的人都有些懒散的性格，他们更喜欢冒险而不是劳动。那就不要对他们太过苛刻，试图去改变他们的性格。因而奴隶在古代的雅典、罗马、斯巴达以及其他的国家被广为推广，这样，普通的劳动工作就不用军人再从事了，这对于善战国家是非常有利的条件。然而，蓄奴制差不多被基督教的法律废除了。因此现在最接近于蓄奴的，取代它的办法也就是让异族人来从事那些行业。也就是这样的原因，异族人也就在国家中有生存的机会，国家统治者从而也就能把大部分的本国平民限制在三种行业中——自由的仆人、土地的耕作者以及从事有男子气概行业的手工艺者，如铁匠、石匠、木匠等，还包括职业军人。

国家如若想要强大，举国上下必须把军事看作至高无上的荣耀、学问和职业才是更加重要的。我们前面所讨论的那些事只不过是军备的表面罢了。然而，军备再好又有什么用呢？没有一个明确的目标和行动的国家是根本配不上的。罗穆卢斯在临死前留给古罗马人一个劝谕，告诉他们首先任务应该是致力于军事，这才是成为世界上最强大帝国的不二法则。为了这个意图可以完成，斯巴达完全是按照这样以军事而不是十分完善的方法而建立国体结构。马其顿人和波斯人也做过这种努力，但都只不过是转瞬即逝的下场。日耳曼人、哥特人、高卢人、诺曼人，撒克逊人以及其他民族也都曾有过全民皆兵的阶段，尽管土耳其人比起过去差强人意，直到现在也还是如此，但只是实力不到罢了。欧洲所有信仰基督教的，目前也只有西班牙人是如此。不过"业精于勤"是一个前而易见的道理，是不用阐述的。

还有一个很明白的道理就是，任何一个希望被称为伟大的国家都是不能离开武力的支持的。或是只在一段时间重视军事的国家，随着时间的推移，当他们武力已衰败且不再声称要动武时，却还能拥有那种安全保障的。然而在其他方面，那些长期以来一直声称要动武的国家，是被历史证明创造了奇迹的。

国家动用武力是需有一个冠冕堂皇的战争理由或法律的，因为这是人与生俱来的正义感，因此假如缺少看起来就是公正理由的话，一般人们是不会加入一场将导致毁灭的战争的。土耳其人甚至利用传播宗教作为战争的理由。罗马人把拓展帝国疆域看作建功统帅们的殊荣，但他们并不是把扩展疆域作为对外发动战争的理由。

如果想要通过武力走向富强的国家就必须做到以下两点：一就是要对其他国家施加在本国边境居民、外交使节，或过境商人身上的无礼行为感到非常敏感，且要及时做出反应对其挑衅；二就是如同当年的罗马人一样，随时准备以最快的速度出兵来援助盟国，对别国内部的党派争斗进行武力干涉，这绝不能算正当的理由。罗马人的原则就是假如盟国受到外敌入侵，他与其他国家也订有共同防御的盟约，并分别向多个国家求援，他们是绝不会把这份荣誉留给别的国家的，罗马人的军队总是最先赶到。

为了某个党派或相同的政体而进行战争的问题，我们还真不知道用什么来证明它的理由是不是正当。就如同斯巴达人和雅典人为在希腊各城邦间建立民主政体推翻寡头政体的战争①。又例如罗马人为了希腊的自由而进行的战争②，再如以提供保护，或一国主持公道，或以解救受到专制压迫的国民为理由而发动的战争，等。总而言之，一个国家对寻找战争理由不敏感的是不会走向强大的。

如若一个人经常锻炼，那他的身体只会随着锻炼越来越强壮。同样不论是君主国还是民主国，每一次的战争都能得到一次真正的锻炼。当然，内战并不包括在内。因为内战是消耗自己的元气，对国家强大而有利的有效运动是对外战争。应多加鼓励人

---

① 指第二次马其顿战争（前200－前197）。
② 指伯罗奔尼撒战争（前431－前404）。

民崇尚武力，使得他们对这种运动充满斗志。此外，还应当拥有随时可以投入战斗的一支强大的常备军，以在邻国之中获得威望。这样做的还有西班牙人，他们那支训练有素、永不懈怠的军队已经有 120 年的历史了。西塞罗在写给阿提卡的一封信中提起庞培为了与恺撒交战而做的准备，西塞罗说："庞培严格地遵循真正地米斯托克利式的方法，他认为，控制了海洋，就相当于控制了一切。"且，无可厚非的是庞培如果不是出于狂妄自大而答应在平原上与恺撒作战的话，那恺撒一定会在海战的强大压力下疲于奔命的，用这种战略他确实是可以击败恺撒的。因此我们可以看到海战所带来的重大影响。众所周知，奥古斯都与安东尼在亚克汀海之战①，决定了罗马第一帝国的归属。1571 年，勒邦多海上之战②，土耳其舰队的覆灭导致了这个骄横帝国的衰落。获得最高权力的象征就是成为海上的霸主，那个世界帝国的诞生埃克兴之战起到了决定性的作用，终止了土耳其兴盛的是"勒盘托之战"。海战决定胜负的例子数不胜数。不过有一点是毋庸置疑的，就是控制了海洋，也就相当于拥有了巨大的自由，他能随便在战争中获益。陷入窘境的国家往往会是陆军力量强大的国家。目前来看，对于我们欧洲的各国而言，海上力量的优势是很巨大的。这不只是因为欧洲大多数王国的疆界被大海所围绕，且也是因为不论是东印度群岛还是西印度群岛的财富，在很大的程度上都是控制了海洋之后的一种附属品而已。

　　在之前，为了激发人们的勇气，在决胜之地要树立胜利纪念

---

①　亚克汀海战，发生于公元前 31 年，地点在希腊西部海域。
②　勒邦多海战，发生于 1571 年，地点亦在希腊海域。

碑、阵亡将士纪念碑、及追悼颂词、给英雄以及统帅①戴上奖励的花环与桂冠，且还会授予大元帅的头衔，另外出征的将士凯旋、兵员解甲回家时也能得到大批的犒劳。把近代战争与古代战争所赋予军人的光荣与崇高相比，却好像不那么光明正大。为了鼓舞士气，尽管现在军队也会有一些骑士的勋位、勋章等，但往往这些东西是毫无节制的。其实古罗马人的凯旋礼是士兵更为看重的，这不只是一个仪式或荣耀，更是一种从未有过的高端大气的制度。其中有三重意义：授予将军荣誉，将战利品上缴国库，接着便是犒赏全军。但除非把这些荣誉归于君主本人或他的子孙们，那种荣誉对于君主制的国家来说不一定是对的，就像古罗马时代多位皇帝的所作所为，他们仅仅为他们自己或儿子们所取得的胜利进行庆祝，忽视战役的凯旋并据为己有，而仅仅是赏赐给将领们一些庆功的衣服和勋章来犒劳将士们赢得的胜利。

上述种种，尽管不能说依靠思考，人就会使身高增长一寸②，可是对国家来讲，君主或政府的能力关键在于使国土更广、国势更强。最起码也要让以上所说的那些策略、规则和惯例得以实施，他们便能为子孙后代播下强盛的种子。但令人遗憾的是，这一点至今还不是每个治国者都能理解的了。

---

① 统帅，来自拉丁文，后转义为皇帝。
② 《新约·马太福音》第 6 章 27 节。

论养生

　　时常听人们说养生需有道，而"道"肯定不会局限于医生医术的高低，人对于自己的认识才是最重要的。最好的保健处方就是人们自己知道有利于身体健康的有什么，而什么又能损害身体健康，并严格地遵循这种认识也能够坚持原则。然而，要是说"既然这些对我的身心是没有害处的，那么并无大碍"，倒不如说"这些对我是没有益处的，最好不要尝试"，从经验上来看，第二个才是更为安全的。

　　年轻人因为有强健身体，所以任由自己无度地放纵，可由于这种透支所带来的伤害到了年老时是必须要偿还的。随着年龄的增加，不能再去做年轻时候的事，毕竟岁月不饶人。常常保持坦然的心胸，愉快的精神是延年益寿的秘诀之一。人尤其应当要克服嫉妒、焦虑、抑郁、怒气、苦闷、暴躁以致烦躁等情绪。愉快和微笑是人生的良药，人的心中应该充满着希望和信心但这并不是我们要放纵享乐的借口。人心中应充满希望、信心、愉快，最好经常发笑，但不要过度狂喜。同时我们需要多去欣赏美好的景物，深入探讨一些对身心有益的问题，如阅读历史、格言或是观察自然。如果身体没有疾病时，切忌滥用药物，不然当疾病降临时，药物可能就没有效果了。相反的是对身体的小毛病却不能掉以轻心，而应当防微杜渐。当疾病来临时，切不可讳疾忌医，要及时努力配合一些正确的方法恢复健康。而在身体健康时，就应当多多锻炼。那些体力劳动者在生病时是能够很快恢复健康的，这就证明了锻炼对增强体质的重要性。

　　古人认为同时努力去适应两种截然不同的生活习惯是一种增强体质的办法。然而在我看来，最好的办法还是培养一些对生命有益的事情。比如在禁食与饱食之间，还是应该以吃饱为好；在静止与运动之间，还是以运动为好；在熬夜与睡眠之间，还是应该以睡眠为好。① 当然，古人的说法如若是不具备哲人智慧的医生，是不可能想到这样高明的道理的，多加锻炼是真的能够提高人的适应能力的。

　　就像有些医生会由着病人的性子来，可是另一些医生则要求病人绝对地服从自己。这两种都太过于极端了，介于二者之间的才是理想的医生。因此在选择医生的时候，还应当注意，医生的权威确实是很重要的，但一个熟悉和了解你身体情况的医生会是你的最佳选择。

① 　1世纪罗马作家及编纂家赛尔苏斯所编百科全书《医学篇》第一章一节。

论猜疑

人类世界中的蝙蝠是猜疑，总喜欢在昏暗中飞翔。它们是应被消灭的，最起码也是应被控制的。因为猜疑不但会离间朋友，蒙蔽心智，也会给事业带来困扰，使其功亏一篑。丈夫产生嫉妒，君主变得暴虐，使智者陷入重重困惑。智者变得优柔寡断都是因为猜疑的煽风点火。猜疑并不是一种心病，而是一种根深蒂固的无法治愈的大脑疾病，即便是意志最坚强的人也逃脱不了传染上这种绝症。例如英国国王亨利七世，他比所有人都勇猛，但是生性多疑。不过像他这种气质的人，猜疑并不影响什么。因为他并不会盲目地去相信心中产生的这种疑虑，除非他认真地分析与考察了可疑之处的真实性。对事物缺乏清醒的认识就是猜疑的根源，对一个胆怯的庸人而言，这种猜疑则可能立刻打乱他的心思。因此，多了解情况是解除疑心最有效的办法。

那么，人们会求什么呢？难道他们认为应当是圣人才与他们打交道的吗？难道他们以为人应该遏制一切以权谋私的做法吗？这种解决办法就是在你产生猜疑时，首先应该做的是保持警惕，但又不能完全表露在外面。这种猜疑如果是有道理的，也会因为你预先已经做好了准备而使你免受其害。但加热这种猜疑是没有道理的，你又能避免对他人的误会。

　　人特别要警惕别人传来的猜疑，因为这很可能是一根有毒的挑拨之刺。怀疑的想法就如同是蜜蜂毫无杀伤力的恼人的"嗡嗡"声罢了，但人为蓄意培植并通过别人的流言蜚语和私下议论而产生的怀疑，则具备蜜蜂非常毒的刺针。因此，在怀疑的树林里生活，开诚布公地让他的怀疑与他所怀疑的一方进行真诚地交流，就是寻找解决的最佳方法。因此就会增加对他所怀疑对象的一些了解。不但如此，还可以使对方更加慎重，而不会对自己造成进一步的怀疑。但对于那些禀性卑劣的人而言是不行的，因为禀性卑劣的人如果发现自己被怀疑，就不会再真诚。就像意大利人所说的："忠诚是被怀疑放走的。"这看上去好像是怀疑给忠诚发放了通行证。相反的是受到怀疑之后应更加忠诚，从而使自己不再受到怀疑。

论谈吐

　　在人与人的交谈中，通常有些能够用趣言妙语来受到人们的欣赏和关注。相反的是那些辨明真伪的判断力就被抛之脑后了，这就表明了语言形式应该比思想更值得赞赏一样。还有人熟谙老生常谈的一些话题，接着就此高谈阔论，夸夸其谈，只图博得机敏的虚名，而从不关心对真理的讨论，然而，这种是难以发掘新意的贫乏之辞，更重要的是都单调沉闷，并且如果一旦被察觉就显得荒唐可笑。相反的是那些善于辞令的人，首要的可贵之处就是他们能够在任何场合都提起话题，且在话题之中他们能察言观色，控制现场，并能把握转移话题的时机，这种人才是一个沙龙的好主人，是谈话的指挥。可以称作是社交谈话中的指挥师，能够抑扬张弛，论证的时候也能够运用时事加以辅佐的，才是最好的言谈，尤其是在推理叙述，或是提问和回答时，能把严肃和灵活融洽地结合起来。如果老用一种腔调平铺直叙是会让人感到乏味的，就如同人们现在常常说的"没劲"。调侃也是需要注意的地方，如宗教、国事、个人的当务之急以及领袖和其他需要同情的事情，是不能成为调侃对象的。如果有人认为，只有使用尖刻的言辞，才能显示他的风趣和才能时，我得说这是必须要遏制的一种倾向。且通常情况下，风趣和尖刻，人们是能够分辨得出来。无可厚非的是那些有挖苦习性的人，倾听者是会因为他的话里有刺而躲起来的，当然同时他也会担心人家是不是会记仇。

问得越多才能学得越多，也越容易受到人们的青睐。特别是在提问时，他所问的问题如果刚好是被问者所擅长的领域，肯定是会受到很多的掌声的。因为他不但自己可以从中获取更多的知识，也算是给被问人提供了一个畅所欲言的机会。但是切记问题不要过于烦琐，否则就变成审问了，便会令被问者难堪。

还要知道的是一定要有给其他人说话的机会，以免有人产生被冷落感。不仅是这样，就如同乐师们看到有人跳舞时间太长时，所惯于采取的方式一样①，有人如果想霸占所有的发言时间，就要想办法把这种人引开来让别人有发言的机会。另外，在谈话中需要诚实，你如若让别人认为你对知道的事装糊涂的话，那下一次，你遇到真正不知道的事时，别人也会以为你已经知道了，这样学习的机会你就失去了。在谈到自己时应当非常谨慎，尽量少说。夸奖别人优点的唯一方法就是人要自夸而又能不失体面，特别是当所说的优点与自己的优点相一致的时候会更为有效，这就是以赞扬他人优点的形式来衬托自己的优点。

应该少说对他人造成伤害的话，因为交谈本身就像是在田野上散步一样轻松愉快，而不是在某人的家里而喋喋不休。我认识英格兰西部的两个贵族，一个有挖苦讥笑他人的习性，可是老是喜欢用美酒佳肴来宴请客人，而另一个就常常问那些到他家赴宴

---

① 指乐师们常变换舞曲以照顾他人。

的人："说实话，他在筵席上是不是自始至终都一直在说嘲弄或者挖苦的话?"客人对此总是回答："他确实说过类似的话。"于是这位爵爷就带着胸有成竹的神情说："我早就料到他会糟蹋一场美好的筵席的。"

　　关于谈话的艺术还应当知道，雄辩比出言谨慎更加重要，言辞优美和有条有理没有"以合适的方式来与别人打交道"更加重要。假如一个人只会连续不断地做一篇精彩的演说，但却不善于应对，反应迟钝就是他的表现；而假如善于附言应对，但却能够进行连续不断地精彩演说，浅薄而无力就是他的思维。这就像我们在动物中所看到的那样，最善于转弯的却是最不善于奔跑的，猎犬与野兔之间的区别就是这样。讲过多的枝节话，在进入正题之前是令人讨厌的。但假如一点枝节的话也不说，则又会让人感觉特别生硬。只有把握好分寸，才能在交谈之中不令对方产生反感。

论殖民

殖民主义远古时代的产物之一。[①] 世界在当时是足够的年轻，他养育着众多的子女。此时老了，它所能够养育的越来越少了。换言之，那些老年国家的新生子女就是殖民地，且建立那些土地最好是殖民地没有主人，不会有竞争且尚未开发过。因为殖民不可以等同于扰民。不过，殖民事业就像是植树造林一样，必须先有 20 年的投资，耐心等待，然后才会有所收益。很多殖民地最终失败的原因就是急功近利。当然，假如长远利益与眼前利益能够统筹，那当然是非常好的结果。

把流氓、恶棍、囚犯送到殖民地居住垦殖是一种可耻可恶、危险而且不道德的做法，这样将会对殖民地造成非常大的损害。因为那些人将会变得游手好闲，浪费粮食，不务正业，寻衅滋事，继续他们以往的生活方式，并很快就会腻烦，无聊至极之下便会写信给宗主国来败坏殖民地的声誉。因此，应该将一些园丁、木匠、渔夫、农民、工人、铁匠、猎手，及少量的厨师、医生、药剂师和面包师等有用的人才作为送往殖民地的第一批

[①] 如公元前 8 世纪至前 6 世纪希腊在海外大规模建立殖民城邦。

居民。

刚开发的殖民地区，首先应该考察当地生产的东西，如栗子、橄榄、枣椰、梅子、胡桃、菠萝、樱桃和野蜂蜜等，并好好利用这些土特产。其次还要注意栽植那些生活中所必需的食物，应当考虑在当地种植一些生长周期较短的东西，如欧洲萝卜、季萝卜、胡萝卜、芜菁、洋葱、四洋蓟和玉米等一年生的作物。至于那些费工太多的小麦、大麦和燕麦还是先不考虑，因此要先培育一些费工少，既可当主食又可做副食的豌豆和蚕豆。稻谷也可作为一种主食，且生长也迅速。不过，移民之初运去足够的饼干、燕麦片、面粉和玉米粉等储备品是最为重要的。至于家畜家禽，则应当选那些繁殖既迅速又不易生病的品种，如鸡、鹅、火鸡、猪、羊和家鸽等等。殖民地的食品用量，应该和遭到围攻的城镇里一样，采取有节制的供应方法。分配土地时，用做公地可以是种植蔬菜和庄稼的土地，这样才有利于收获最后的战果，然后储备起来，并相应地分配出去。另外，可以交给个人耕种一些小块的土地。同样殖民地假如有什么天然物产，及时发展殖民地的土特产品以便输出国外来换取所需的各种补给品。只要可以用来支付殖民地的费用也应当被纳入考虑的范围之内的。唯有合理安排，才不会不合时宜地损害主要的生意。

通常森林资源是非常丰富的。如若有能够用来建磨坊的河流，那么在森林多的地方铁矿就是纯天然的财富。应该在气候适宜的地方尝试着去晒一些盐。在种植着大量冷杉和松树的地方沥青和焦油是不会缺少的。至于药材和月桂树，就会有很大的利润。还有可用做肥皂的碱灰，及别的可以想到的任何东西。但不能长久地开矿，通常迅速而丰厚的利润还可能使殖民者在别的事情上懒惰。因此，不要过度开采地下矿藏。

在治理方面最好是一个人掌权，必须要有一些智囊和幕僚加以辅佐，并赋予他们在一定范围内颁布戒严令的权限。最重要的是不要忽略宗教的作用，让他们从身处旷野之中感受希望，感到自己与上帝同在且深受上帝的眷顾。殖民地政府所倚靠的祖国官员和特派员人数适中就行，不需要太多，因为商人总是只顾眼前利益，因此这些人最好是贵族和绅士。

说到移民问题，就要有秩序地输送，戒骄戒躁，否则也许会人满为患。同时殖民地人口减员的情况也尤其应该留意，应当按比例送去替补人员，这样才能够使殖民地居民安居乐业，也不会因为人员的匮乏或多而陷入贫困和混乱之中。给它的商品免税是在殖民地羽翼未丰时必须要做的，还要允许当地居民自由地将商品运到能获得最大利润的地方去。

有些建殖民地在沼泽地或不卫生的地方，还有的则建在海边和河边。一开始虽然为了运输和其他方面的便利必须建在那些地方，但这对健康是非常不利的。因此长远考虑，还是应该远离水边。储备足够的食盐同样与殖民地居民的健康有关，在关键的时候，可以在食品中放入食盐来防止一些不必要的疾病。如若选择在有野蛮人的地方殖民，应坦诚真挚地对待，搞好与当地土人的关系，不要一直用尽办法糊弄他们，当然保持充分的警惕也是应该的，千万不能为了赢得他们的好感而帮助他们攻击其敌人，但帮助他们进行防御是可以的。殖民地有实力的时候，不但是对男人，也应对女人进行殖民的时候，因为唯有这样殖民地居民才能代代繁衍下去，而并非总是补进去。而且还应当把野蛮人中的一些代表送到殖民国去，让他们知道殖民国的状况好过自己，那在他们重返之后，就会给予赞扬。在殖民地顺利发展的时候抛弃它或者舍弃它是世上最大的罪孽，因为这不只是宗主国的一种耻辱，也是对许多值得同情的人犯下的不可饶恕的罪过。

论财富

财富对于德行而言就是累赘。别无选择，已经找不到更合适的词可以来形容财富和德行之间的关系了。财富在拉丁语中与辎重、行李、包袱是同一个词。这个是很值得深思的。辎重虽然在军事上是不可或缺的，但同时它也是累赘。有时，军队往往会为了保护它们而打了不应该的败仗。

需要对一个人来说是有限的，所以，再多的财富都是没有意义的。只要超过这种有限需要的财富，就是累赘。所罗门曾经说过：“只有财富多的人才会诱使人去渔猎，而对于人生来说，除了饱眼福以外，财富根本没意义。”① 对一个人而言，当财产达到了一个高度以后，他享受财富带来的好处就不会再多了。他可以选择把财富储藏起来，也可以把它们捐赠或挥霍，或用它来保持富翁的名声。但对于他本人来说巨大的财产只是身外之物，实际上是别无他用的。试看有人为了购买一些美丽而不中用的石头，竟肯付出连城的巨价，不正说明了这点吗？也许有些人认为，财富可以打通一切关节，救人于危难之中。对此所罗门有另外一句

---

① 《旧约·传道书》第5章11节。

名言："财富不过就是富人心里的一座城堡。"① 这话说得妙，确实只需在幻想中才会如此。这句话正好打破了天机，现实之中那城堡并不存在，只是他们可以在心理上获得些许安慰。不得不承认，钱财给人消灾解难的时候远没有给人们招致灾祸的时候多。因此应当取之有道、用之有度、施之有度地去获得和运用钱财，而追求财富不是为了摆阔炫耀。

不过像修道士那样视金钱如粪土，对金钱不屑一顾也是不对的，只是挣钱要分清有道无道，所谓君子爱财，取之有道，这就如当年西塞罗为波斯图穆斯辩护时所说的："他追求在使用财富行善中得到快乐，而不是为满足那些贪婪之心。"② 所罗门的教诲："不要奢望一夜暴富，那将会以失去清白作为代价。" 是我们要听从的，这是关于得到财富的时机的教诲。③

在诗人们虚构的一个故事里，财神普鲁托斯受冥王普路托派遣时，步伐迅速，一路飞奔。然而当他受其主神朱庇特派遣行事时，步履蹒跚，行进缓慢。④ 这个故事要说明的就是通过正当的手段和正直的劳动获得财富是需要很长时间的，但是当财富是通过别人的死亡而骤然得到是，是非常迅速而危险的。普路托同样适用于这个道理。如若把他看作魔鬼，也就是当财富是来自魔鬼的赠予时（如靠欺诈、压榨或其他恶术），它的增长速度简直是无法相信的。

致富的途径是有许多种的，但绝大多数是不正当的。吝啬是

---

① 《旧约·箴言》第 18 章 11 节。
② 西塞罗《为波斯图穆斯辩之二》。
③ 《旧约·箴言》第 28 章 20 节。
④ 古希腊作家卢奇《厌食者泰门》中有这样的虚构。

最好的致富道路之一，但这并不算是清白的做法，因为吝啬的人绝不会是乐善好施的。改良土地从而使产量提高是获得财富的最为自然的方式，因为那是我们伟大的大地母亲的赐福，只是通过这种方式获得财富是非常慢的。当然，如若屈尊从事农业生产是富有的人的话，那他的财富就会迅速地增加。我认识一位英格兰绅士，他拥有这个时代最多的财产，他不但是一位大牧场主、大育羊人、大煤矿主、大农场主、大铅矿主、大森林主、大铁矿主，同时其他几个方面对资源也是合理利用，这样的话，他从各个方面获得的收入就可以是源源不断的了。从中可以看出，只要懂得良好的利用大自然，大地对他就是那样的无私恩赐。有人觉得小钱难挣，但赚到大钱却很简单。这并不是没有道理。当一个人富到可以在困难时期坐吃空山地等市场时机好转，又能做一些常人没有足够的本钱进行交易的程度，他就会在别人达不到的程度上获得财富，这就是富者可以愈富。

钱赚得规矩就是从正常的生意和工作中，可以通过两种途径来获取：一是工作勤快，二是有诚信的好名声。而那些用不择手段做成的生意，其获得的利润则是见不得光的。使用行骗的手段，在别人急需用钱的时候用花言巧语诱其上钩，再用诡计排挤其他诚实的商人以谋取暴利，这些都是奸诈下流的行为。事实上这也是不道德的，因为悭吝者必不肯帮助穷人。对于那些擅长在购物的时候压低价钱的人，目的不是为了买来自用，而是为了转手倒卖从而获取差价，那么他的行为可以定义为攫取卖者与买者双方的利益。所以，选择合适的合作伙伴在你需要与人合伙做生意时，是极其重要的，只要合作得好，一定可以发财致富。

放高利贷是最坏的获利方式之一，单同时放高利贷也是最暴利的获利方式。只要能承受良心的谴责，这就是放高利贷者轻松自在坐享他人汗流满面所获得血汗钱的一种方法①，且连每个礼拜日都要计算利息②。尽管放高利贷是稳赚的，但也不能说没有风险，通常中介人和经纪人会为了自己获得更多手续上的利益而为那些没有信用的人担保，这样可能导致放债人聪明反被聪明误的下场。

只要好好运用某项发明或专利，有时也会像那些最早在加那利群岛建糖厂的人一样③。所以一个人如果能被称为真正的逻辑学家时，换言之，就是他既善于判断也善于发现问题时，那他完全能在恰当的时候为自己赚取利益，特别是福星高照的时候。只靠一份固定收入而生活的人是不会成为大富翁的，而倾其所有的为了投机生意的人又通常会倾家荡产，因此有一份稳定的收入作为投机冒险的后盾就是最好的做法，这样即使倾家荡产也有后路。在那些没有法律限制的地方，垄断者事先知道哪种商品供不应求并抢先大量的囤货，然后在危机时对商品进行垄断并囤积待售也是一种发财的门路。

凭给人提供服务挣钱虽是清白的，然而如果是通过低三下四地阿谀奉承来获取酬金，那这是最卑污的一种钱。对于用龌龊的手段攫取遗嘱及遗嘱执行人的身份来获取财富，这是比前者更加卑鄙的一种做法，因为前一种人在礼貌上勉强还算是正常，但是

---

① 《旧约·创世纪》第 3 章 19 节。

② "摩西十诫"第七戒即为当守安息日，见《旧约·出埃及记》第 20 章 8 – 11 节。

③ 加那利群岛，在非洲西北方印度洋中。

后一种人却与卑鄙小人为伍。

那些张口闭口都说蔑视财富的人，是不值得相信的。可能他们只是因为没有财富所以他们自称蔑视财富。然而如果他们一旦拥有了财富，恐怕迷信财神的程度无人可比啊。钱财是有翅膀的，它有时会自己飞走，因此不要吝惜小钱，有时你也必须让他走，只有这样才可能招来更多的钱财。在即将去世的时候，如果钱财不留给亲属，那么就只能留给社会。如果有遗产要传给子孙后代，其数量不可过多。一份巨额的财产，对子孙来说未必就是疼爱。只要他们已经有了对金钱的成熟态度和使用方法，假如他们年轻又缺少知识，这份突如其来的家业反而可能让他们陷入危机，会被许多喜食腐肉的鸷鸟纠缠。与此相同，捐赠大笔的款项、基金是为了满足虚荣，就如同是不撒盐的祭品①，不可能长久保存，时间久了还可能会变成一座精心粉饰的坟墓，金玉其外，却败絮其中。遗产馈赠最好是在生前，因为人活着时赠人礼物是一种恩惠，等到死后再留给别人的东西，就可能被认为是自己享用不完的。

①《旧约·利未记》第 2 章 13 节。

论预言

我的重点不是神的预言，也不是异教徒的神谕或关于自然界的预测。我要说的是那些人们记得的，但出处和原因又是密不透风的预言。就如同女巫对扫罗所说："你和你的子民明天一定会和我一起同归。"① 以色列的第一个国王扫罗，他在与非利士人交战之前，曾经命令女巫占卜凶吉，女巫此言暗示以色列将全军覆灭。诗人荷马有这样一首诗，好像是一个关于罗马帝国的预言："埃涅阿斯家族的子孙以及子孙的子孙必将统治所有的海岸。"②

塞内加也有过这样的诗句，是有关发现美洲新大陆的一个预言：

某个时期以后，
一定会有这么一天，
海洋，脱离大自然的束缚，
一个敞开胸怀广袤的大陆，

---

① 《旧约·撒母耳记上》第 28 章。
② 维吉尔《埃涅阿斯记》第 3 卷 97 行、98 行。

新的世界将被蒂菲斯显露出来，

大地的尽头不再是杜勒将。①

　　会有更多的预言，珀利克雷提斯②的女儿梦见主神朱庇特给她的父亲洗浴，然后在他身上涂抹圣油的是太阳神阿波罗，最后他被钉死在一片空旷的十字架上，被火辣辣的太阳晒得满是油腻的汗水，雨水紧接着又冲刷了他的身体，一切都应验了他女儿的梦境。图密善在被刺杀的之前，梦见一个纯金作的头从自己脖子后面长出来，结果他的继承人创造了一个辉煌的太平盛世。马其顿国王菲力普二世梦见他妻子密封了肚子，于是他阐释了这个梦境，以为他妻子是不能生育了，然而占卜者阿里斯坦德却告诉他，他的妻子其实已怀有身孕原因是不会有人密封空容器的。后来他的妻子果真生了亚历山大。布鲁图斯刺杀恺撒后，有一个幽灵出现在马可·布鲁图的帐篷里告诉他："在菲利皮，他们还会相见的。"③ 而提比略对加尔巴说："加尔巴④，你一定能够体验到帝国的滋味。"韦斯巴苫的时代，在东方流传着这样一个预言，说是来自犹太民族的人将统治整个世界。这方面当然是可以看作是为救世主耶稣的出现而作的预言，然而塔西佗却一直坚持这个预言的主角是指韦斯巴苫。还有幼年时期的英王亨利七世，有一

---

　　①　塞内加《美狄亚》第 2 幕。

　　②　珀利克雷提斯，公元前 6 世纪时希腊小国萨木斯君主，于公元前 522 年被钉于十字架上。

　　③　布鲁图斯刺杀恺撒后与恺撒旧部战于菲力帕，兵败被安东尼所杀。此事曾被莎士比亚采用，见《恺撒》第 4 幕第 3 景。

　　④　加尔巴于公元 68 年登基，罗马皇帝。

次亨利七世为英国国王亨利六世端水时，亨利六世对身边的人说："这个小家伙才是将来能够享用我们梦寐以求的皇冠的人。"

我以前在法国听到过一个故事，是一位名叫帕纳的医生告诉我的，据说法国皇太后当年非常迷信巫术，因此她把丈夫的生辰八字用了假名，给侍卫拿出去占卜。占星家坚定地说，这个人将会死于决斗。太后听完哈哈大笑，她断言绝不会有人想要挑战她的丈夫，而他也绝不会去接受别人的挑战或者决斗。可后来国王死于一场马上竞技的比赛中，因为当时的卫队长蒙哥马利所使用的矛头的碎片意外地进了国王的铠甲里面。[①] 伊丽莎白女王的鼎盛时期正是我的童年时代，我听到在那时广为流传的一个预言："当麻被织成了线，英格兰便走到了尽头。"大家都普遍认为这个预言的意思是说，"麻"这个单词是由几个君王名的第一个字母排列而成的。换句话说，等到这几位君王（亨利、玛莉、菲利普和伊丽莎白、爱德华）的王朝结束后，英格兰便会彻底地被消灭。幸运的是，这件事情只应验在了国名的更改上：国王现如今的尊称已经是不列颠国王，而不再是英格兰国王了。

在 1588 年以前，还流行过这样一个预言，那个时候我们并不完全明白它的意思："在鲍奥岛和梅伊岛之间，人们有一天将会看见，来自挪威的黑色舰队。直到离开以后，英国就可以大肆建造了，因为以后将不会再有战争了。"直到 1588 年，英国海军击溃西班牙无敌舰队，我们才真正明白，原来这个预言针对的是西班牙。因为当时西班牙国王的姓恰好是挪威。

---

① 法王亨利二世于 1559 年因比武受伤，不治而亡。

那时还流传过一个占星术的预言："一个让奇迹出现的年代，88 年。"① 估计这也是针对西班牙舰队的。因为这个无敌舰队，虽然不能说是有史以来最庞大的，但是也是有史以来武力最强大的。对于雅典人克利昂的梦来说，看起来就似乎是个玩笑。曾经他梦见一条龙吃掉了他。后来，和他作对的那个人是做腊肠的。因此有人认为，那条龙就是这个做腊肠的。诸如这样的事情数不胜数。假如把占星术方面的预言和梦兆都计算在内，数目将会更加庞大。但我认为，虽然它们可以作为冬夜炉旁闲聊的话题，但是却没有必要过分地重视。

我们在这要强调的是，我所说的不值得重视的言外之意，是说它们不足以使人完全相信。另一方面，假如在社会上这种东西广泛流传，政治家也不应该重视他的。因为到处流传的谣言，曾经以讹传讹在历史上酿成过许多祸乱。因此很多国家制定了非常严厉的法律来禁止散布不实的流言。

令人们乐于散播和相信这些预言会有三种原因：

第一是人们往往只在意那些得到应验了的预言，而那些没有得到应验的预言早就不在意了，人们也是这样分析和看待梦境的。

第二是模棱两可的预言，使人们可以进行各方面的推测和解释，预言成真的范围就有非常大的空间，比如前面所谈到的塞涅卡的诗句那样。虽然我们不能够确定在大西洋的西岸还是否会有非常开阔的天地，但是这并不能确定就一定是海洋，再加上柏拉

---

① 指 15 世纪德国占星家雷乔蒙塔努斯的预言书。

图的那个充满诱惑的"大西岛"① 的传说，人们在鼓励下更愿意把这种说法解释成一种预言了。

第三种是最关键的，这一类预言很有可能是骗子和无赖的谎言，是一种欺人之术，是由一些穷极无聊的人在事后编造出来的。

---

① 古代传说中的岛屿，据说位于大西洋直布罗陀海峡以西，后来沉没。

论野心

　　野心就像体内的胆汁一样，是一种可以促进人奋发行动的体液①。如果胆汁在体内流通的管道顺畅无阻，人们就会积极、认真，且十分活跃敏捷；可是假如流通的路途受到阻碍的话，体内的热气就会把它蒸干变稠，变成带有毒性的体液。

　　所以，道路如果是畅通的，而且是不停地前进的，有野心的人为了飞黄腾达就会越加地忙碌，而不是瞻前顾后，裹足不前。可一旦他们的欲望碰到了阻碍，就会用一种恶毒的眼光来看待周围的人和事，并且心怀不满，尤其是当事情每况愈下时，他们便更加觉得无所适从，一个君主或国家的仆人身上最有可能出现的就是这一种最恶劣的品性。这时他们将变成幸灾乐祸、好乱喜祸之人，从他人的挫折中体味愉快。所以，假如君主想要良好地任用那些有野心的下属，应该巧妙地驾驭这种有野心的人，最好的方法是让他们有充分的空间而不是到达顶点之后只留下倒退的余地。可是总会有处理不妥的地方，不用具备这种天性的人才是最好的办法。因为假如这些人不能由于功劳获得升迁的话，他们就

---

　　① 希腊医学将人分为三种气质：胆汁质、多血质、黏液质。认为胆汁质者性格暴烈。

会自己堕落然后手头的工作也随之荒废。然而，不到万不得已，就如同我们说过的那样，还是不要用天性野心勃勃的人最好。

那他们在哪些情况下又是可以使用的呢？现在我们就来探讨探讨。首先，即便他有野心，战斗中必须要使用良将，他的所有短处都会被他的功劳掩盖，没有野心的武将就像没有鞭策的马，是不会奋勇向前的。想要任用军人，又希望他唯唯诺诺，那么，这就相当于不想让他冲锋陷阵，为国征战。对于统治者来说有野心的人有一个好处——可以为陷于危难和民愤中的君王分忧解难，他们可以当作君王的屏障，也可以当作权力斗争的工具。就如同一只被蒙住眼的鸽子，只会拍着翅膀不管不顾地努力向上飞翔的人。除了他们，还有谁愿意来担当这种角色呢。相反地，有野心的人也有可能去打倒任何功高盖主的人，就像提比略用马可罗来打倒塞雅努斯①一样。

既然在那些复杂的情况中必须要使用他们，那也就有必要深究，怎么样驾驭他们才可以不危险。分辨其危险性大小的原则有好几个。通常出身卑微的这种人，就会比出身高贵的人危险小。假如他们天性冷酷，就会比文雅而得人心的危险小；刚刚得到提升的人，就会比久居高位城府很深的人危险小；暴发户比苦心经营者危害小。

有些人发现，君主的一个弱点就是拥有几个围绕在身边的宠臣，可这却又是在对付那些有野心的大人物的时候，最有效的一种方法。但这种办法只能够在特定的情况下使用，还有一种约束

———————————

① 古罗马政治家及阴谋家，提比略的宠臣，拥权自重，后被处死。

野心的大人物的手段——让和他们一样傲慢的人来对抗他们。殊不知，这就像一艘大船假如失去了压在舱底的物品，这条船就会过于颠簸，这就需要一些中间派的大臣来维持双方保持稳定的关系。换句话说，若是一个君主想要打击那些有野心的人，就可以利用和训练某些小人，让他们成为野心人的灾星。假如那些有野心的人天性胆怯，这种方法有可能会有效。可假如他们大胆而鲁莽，那就得不偿失，这些小人的所作所为可能就会成为他们实施阴谋的导火索，这是非常危险的。假如君主想要除去那些身居高位的野心人物，但是又害怕他们下台会有危险，反复对他们既加以宠爱又实施贬谪就是唯一的方法，这样一来就会令他们无所适从地走在树林里。野心是各种各样的，只想在大事上出风头的野心家，相比较那些凡事都要争强好胜的野心所造成的危险要小一点。因为后一种人会不停地惹是生非，吹毛求疵。不过，假如一个有野心的人物拥有仰慕者，倒不如让他每天忙于工作。这样一来，对于君主来说就会减少一些危险。一个人想要在一群非凡才干的人之间出类拔萃是不易的，可是这样的氛围对整个社会来说却是有益的。然而，把自己作为领头人物，而把别人忽略掉的野心，就会对整个时代产生巨大的危害。

对于拥有高贵身份和地位的人来说有三个好处：行善济世是天生拥有的优越条件，拥有个人发财致富的机会，以及可以与国王、权贵等上流阶层互相交往。一个有上进心的人，或者我们称之为是有野心的人，假如他的出发点是第一点，那他就绝对是一个正人君子，这时就会有一位明智的君王，能够在众多的人中，选择出怀有第一种高尚情怀的贤臣良将。总的来说，君王和国家在选拔大臣时，一定要选用那些看重责任而不是看重锦衣玉食的人，或者是那些看重事业而不是虚荣心极强的人。总的来说，专心致志做事的人和爱管闲事的人一定要在不一样的时候使用，并且善于辨别应该远大济世的抱负和自私自利的野心。

谈宫廷娱乐活动

与本书其他的论题相比，也应该穿插点假面舞会、比武娱乐等轻松的话题在这些严肃的谈话之中。① 这个问题有一定的游戏性。君主们既然喜欢这些娱乐形式，那么他们就会将这些娱乐形式办得高端优雅，而不是只有华丽的外表。大家伴随着歌声翩翩起舞，赏心悦目、气派万千。非常有讲究的就是合唱团的队形了，他们应该站在高处，而且要随着低回婉转的音乐，激昂悠扬，将写好的歌词唱出来。歌唱的表演，特别是对唱，应是极其优美的（我说的表演，不是指舞蹈，在我看来那是一种比较低级的表演）。歌唱的声音应该是洪亮而又有男子气概的，高亢而悲壮（低音和高音，但不要最高音部），是动人心弦的。曲调应该高昂而有戏剧性的改变，切莫过于细腻华丽。假如有数个合唱队，抑扬顿挫，用唱诗般轮唱的方法演唱，效果将会更美妙。大家要注意有一点，我这里描绘的只是发自内心的感受，并不涉及到一些表演的技巧。

---

① 英国假面舞会承袭16世纪上半叶唱诗班歌童音乐剧的传统，到17世纪初成为一种复杂的宫廷娱乐形式，熔诗歌、舞蹈、声乐和器乐于一炉，包括布景、服装和舞台装置。

布景的切换怎样做到不会引起观众的注意，优美而富于变化，并且没有任何噪音，那将是考验布景人员的技术以及艺术嗅觉的。因为在观众们产生视觉疲劳之前就更换布景，肯定会让人心情愉悦。每个场景都应该灯光明亮，多姿多彩，在走过场时让不戴假面具或者戴假面具的演员在舞台上做几个与布景相符的动作，将会出现不同的效果，这种方式绝对能够吸引观众的目光，引起他们的兴趣，还让大家再次回顾一下刚才没有看清的动作。结合着生动活泼的音乐，嘹亮欢快的歌声，灯光效果最好是粉红色，白色或者一碧如洗的颜色。一些亮晶晶的小圆形金属片，成本不高，装点后却十分地灿烂夺目。反过来说，那些在灯光下容易失去光彩的却是富丽堂皇的绣品，不引人注目。戴着假面具演员的服装要高贵，即使把面具摘掉，这些服装应该还是符合他们的身份。这些服装最好有创意而不要是大家所熟知的那些例如军服和水手服，土耳其服等等。幕间的滑稽节目穿插的时间不要太长，他们一般是傻子、山泽仙女、乡巴佬、丘比特、森林神、妖精、女巫、黑人、侏儒、狒狒、野人、小丑、野兽、小土耳其人、活动雕塑①等等。至于天使，就不要放在滑稽节目里面了，因为它放在滑稽节目里并不好笑，还会显得不伦不类；另一方面，那些凶恶的角色，比如魔鬼和巨人等等，也不要出现。更关键的是，当这些人上场以后，音乐也要发挥到娱乐观众的作用，还要有一些奇特的改变。假如伴随几缕香气飘下，而有水珠掺杂的话，那就更美妙了。在这人头攒动、闷热异常、热气腾腾的场

───────────

① 一种滑稽节目，表演者原地转圈，听到信号即停，以造成各种滑稽的姿势。

所中，假如人们能够闻到这股香味，会感到分外的清新舒服。配对式的假面舞会，一定要男女各列一组，才更能添加庄重的气氛和变换的效果。当然，这所有的一切只有在场地保持着清洁的情况下才能实现。

还有对于勇士们的赛马、障碍赛、长矛比武等比赛而言，最激动人心的瞬间便是挑战者们驾着战车入场的那一刻，假如仅仅让狮子、熊或骆驼之类的野兽拉车的话，场面会是更加热烈的。入场式的设计在这种辉煌之前也是关键的，不仅在于他们随从的勇武威猛，也在于盔甲和马匹是不是足够华丽。关于宫廷娱乐活动就说到这里吧。

谈人的本性

　　通常来说人的本性是深不可测的，它只是会被克服，但是很少会被根除。想要战胜本性是非常艰难的，假如对本性施加压力，反而会让本性变得更加强烈。而诱导和说教只能让本性有所松弛，而改变和克制本性就只有习惯才能。

　　想要战胜自己本性的人，切忌给自己定下的目标是自己能力范围之外的任务，因为太多的失败会让人失去自信；当然也不应当给自己定下一些非常不具挑战性的任务，不起眼的任务是不会让人有太大的成就感的，因为收效缓慢而使人泄气，从而也不会有太大的发展。在最初尝试时可以借助一些外力，就像那些学游泳的人用游泳圈来帮忙一样。经过一段时间练习，就要尝试在不利的条件下进行，就像舞蹈家练习舞蹈时用厚重的舞蹈鞋一样。练习得越刻苦，效果就会越好。

　　假如一个人的本性过于强大，要想战胜它就更加难上加难，必须要脚踏实地。首先要尝试着去束缚自己的本性，要长时间严格地约束自己。就像可以在愤怒时，重复地默念字母表，直到怒气被压下去为止。其次就要逐渐地将约束力减小，就如同戒酒一样，从逢场都喝到只喝上一小口，最后再完全戒掉，可这是需要十足的毅力和决心的。那些不管怎样都一定要挣断铁链再也不受罪的人就是决心争取灵魂自由的人①。古训里面有关于矫正本性的话是非常有道理的，假如想要使一根树干不弯向一边，那就必须把它弯到另一边，等到他回来，就恰好适中。可我们所说的弯向另一边，可不是要你往坏的一边弯。不要将一种习惯绵延不绝地强加到自己头上，而应该断断续续。因为双方一旦停战，处于弱势地位的一方得到增援，就能从头来过。更何况人无完人，这也总在人们克制本性的过程中发生，时而犯错，时而优秀，时间久了才能培养成一种习惯。这同时也是一件外人不能插手的事情，只能靠自己适时加以调整。可人也不能坚信自己一定可以战胜本性。因为一个人的本性具备潜伏性，在受到某种诱惑或某种场合，它又会重新燃烧起来。就像《伊索寓言》中那个猫女一样，虽然变成一个女人，她坐在餐桌的一头一本正经的，可是当看见老鼠在她面前经过时，她就会坐立不安了。因此，要么一个人完全避免某些场合，要么经常出没于某些场合来考验自己，这样才能够将影响降到最低。

人在独处时要谨慎。只有在面对自我时，人的真性才最容易显露出来。在私人的情感中一个人的本性是最易被人察觉的，因为在那里他不需要伪装，尤其是感情激动时，他会忘乎所以的。面对新的情况或者新的经历时，一个人由于没有可以参照的成规，也最容易露出自己的本性。因此说自身本性和所从事的职业相合的人，是最幸福的人。否则，他们就会说："我的天性与灵

---

① 奥维德（前43－前18），罗马著名诗人。

魂不配，这是我非常痛苦的事情。"① 比如在做学问方面，对于一个会勉强本性的人，就要让他把学习的时间安排好；对一个本性就非常喜欢做学问的人，就没必要给他安排固定的时间，因为他的心里就有。而且对这种人而言，他也有充分的空余时间去做别的事情。天性好像种子，它既能长成鲜花，也有可能长成毒草。人应当时时检查，以培养前者而拔除后者。本性是成为你进步的阶梯，还是成为你前进道路上的绊脚石呢？要看你怎样通过形成习惯来克制它们了。

---

① 圣哲罗姆译拉丁文本《旧约·诗篇》第120篇6节。

谈习惯与教育

性格多半上是一个人的思想的源头。人们的言谈举止，有的是在学问里学到的，有的是来自别人的影响。可他们的举动却是来自日常养成的习惯。因此，马基雅弗利说："来自天性的冲动或者雄心壮志都不可靠，只有习惯才可以加以证实。"① 他举了一个极其丑陋的例子来证明这一点："为了使刺杀的阴谋获得胜利，不会去选择那些意念坚定，生性残忍或者胆大妄为的人，而会用一个双手沾过鲜血的人。"马基雅弗利与托钵僧克雷蒙并不认识，也不知道巴尔塔萨尔·杰拉尔②，拉维亚克、约尔基、但是他说的确实是对的：天性和口头承诺都没有习惯的力量大。只是当今盛行迷信，第一次杀人的人就是由于迷信，因此就跟屠夫杀猪宰羊一般沉重。满口的信誓旦旦，似乎都已经成了他们的习惯，甚至是非常激烈的事件中也是这样。在别的事情上，被习惯支配一切的情况也有许多，因此会有人觉得诧异，为什么明明听到这些人争辩过、承诺过、发誓过，可打起来却仍旧如此。他们是就好

---

① 马基雅弗利《论李维》第 3 章 6 节。

② 克雷蒙于 1589 年刺杀法王亨利三世，拉维亚克于 1610 年刺杀法王亨利四世，约尔基于 1582 年行刺奥伦治亲王威廉未遂，巴尔塔萨尔·杰拉尔于 1584 年刺杀威廉成功。以上均为非职业杀手，这些谋杀都发生在马基雅维利去世多年后。

像泥塑木雕的偶像，或者是由习惯驱动的机械。

印度人（我说的是他们哲人中的一派）会淡定地躺在一堆木柴上，让自己成为祭品点火自焚。不只有这些，他们的妻子也要和她们的丈夫同时化为灰烬，从中我们可以发现习惯的统治和专制是多么残酷。在古代狄安娜的祭坛上斯巴达青年受笞刑是司空见惯的，甚至不用打招呼。[①] 我还知道在伊丽莎白统治的初期，爱尔兰有一个叛逆者在受绞刑时，还请求监刑官必须要用柳条，最好不要用绞索绞死他。因为这是他们本族的习惯，原来都是用柳条处死叛逆者的。还有俄国的一些僧人，为了替自己赎罪，就必须在水桶里坐着直到身体被冰封为止。就如同这样的例子都可以证明习惯的力量对人的思想和肉体是会产生影响的，由此看来习惯对人行为的控制力之大。假如习惯是人生活的主宰，那么我们要努力养成良好习惯的最好的办法就是从小开始，这就是我们所谓的教育在本质上就是培养最早期的习惯。因此我们发现，在学习语言方面，小时候由于舌头柔软灵活，因此会更快地接受一些东西。同样地，小时候的四肢关节比较柔软的，可以做各式技巧性的运动。假如那些人思想没有被禁锢，不但活跃又很开放，并且还做了充分的准备，用坚持不懈地努力来弥补不足，不然成年以后想去学，就很难做到收放自如了，而且这个境界很难达成。而且，假如简单而又单独存在的习惯，那么集体于一点，习惯力量就会得到加强。因此群体里面一旦有一个榜样，大家都会从他身上得到激励，从而效仿，而且以此为荣，这就会使习惯的

———————————

① 这种鞭笞的目的是锻炼意志。

力量在某些方面达到一个顶峰。因此只有一个法律健全、纪律严明的社会里面才能发扬天性中的美德①。在一个国家和政府，美德只能是发扬的，但是并不是播种的。不幸的是，目前这些有效的工具只能在某种目的上，而且是最不得人心的。

---

① 这种思想是借用毕达哥拉斯的名言。有人问应如何教育子女，他答："让他在一个具有良好法制的社会中做一个好公民。"

谈运气

毫无疑问，运气经常会受外界偶然因素的影响。美丽的外貌、非常有用的个人特长，千载难逢的机会，都会带来运气。可一个人的运势最终将会把握在自己手中，就像曾经有一位诗人说过："每个人都是自己的设计师。"① 大多数情况下，一个人的不幸恰恰是另一个人的运气。因此，有一夜暴富的人，就也会有瞬间一贫如洗的人。俗话说得好："蛇不吞蛇，成不了龙。"②

一个人锋芒毕露，的确令人钦佩，但内在的优点，像河蚌含珠的才华才能给人带来运气，那种人会有自成一套的体现方式，这需要一种难以言传的自制与自信，旁人无法觊觎。就如同西班牙人常说的"梦想成真"从另一面表达了这个意思：如果一个人的本性中没有任何缺陷，没有任何需要改正的东西，那么他思想的车轮就会和他运气的轮子同时前进了。李维描述老加尔图时，同样也说过这样一句话："只要这个人身体健康，精力充沛，不管出生在什么阶层的家族，都一定会给自己带来运气。"③ 话音未

---

① 普劳图斯的喜剧《三钱币》第二幕二场。
② 希腊谚语，瑞士博物学家格斯那曾在其《动物志》中引用。
③ 李维《罗马史》第三十九卷四十章。

落，他突然想起，加尔图就是一个多才多艺的人，这不就是他的运气所在吗？所以，一个人假如目光犀利，并且善于探寻，他就一定可以看到幸运之神。运气运行的轨迹，就像天上的银河一样，有大大小小许多个天体集聚在一起，你看不见其中任何一颗星球，但是它们却能结合在一起放射出非常炫目的光芒。因此，许多微小的、不易被察觉的美德，或者是才能和习惯，都是人们的运气。意大利人在说一个永远正确的人时，就经常插上一句，说这个人"有点傻气"。确实，有点傻气，可是不过分呆气，往往这样的人最走运。所以极端爱国的人和绝对忠君的人，常常是不会走运的，由于假如一个人彻底把自己的心思抛之脑后，他就不是在走自己的路了。

出乎意料的幸运会让人变得投机取巧或者见异思迁，因此只有千辛万苦得来的幸运，才可能造就伟大的灵魂。"幸运"算是有两个女儿，一个叫"名声"，一个叫"自信"。就冲着他的这两个女儿，幸运也该是荣耀的，受到尊敬的，前者诞生在自我心中，后者降生在他人的心目中。自信是在于一个人的内心，名声是在于一个人与别人的相互关系中。聪明人为了不让别人对他们的才能产生嫉妒，会把自己的才能归结是上帝的恩赐和命运女神的眷顾，这是极好的推托，也是一种大度的表现，这种人值得担当更高的权力。所以恺撒大帝就对驾船在暴风雨中的舵手说，他是承载着恺撒给他的运气。[1] 苏拉在称呼自己的时候，都是说幸运的苏拉，从来不说是伟大的苏拉。[2] 反过来说，从历史可以看

---

[1] 普鲁塔克《列传·恺撒篇》第三十八章三节。
[2] 普鲁塔克《列传·苏拉篇》第三十四章二节。

到，一些人总是觉得功劳完全是来自于自己的聪明、自己的谋略，过分的抬高自己，因此下场都不好。根据史书记载，雅典人提莫西亚斯①在向国王报告自己的功绩时，经常会加上一句："不管什么成功都与运气没有关系。"他这句话在后来也果然应验，不管他做什么事情，运气都不会光顾他。②

就像荷马③的诗会比其他的诗要流畅自如一样，有些人的运气也的确比别人的运气来得自然。普鲁塔克④在说起提摩利昂跟阿盖西劳斯和埃帕米农达斯的幸运时，就是这样形容的。

---

① 提莫西亚斯，古罗马将领。
② 普鲁塔克《列传·苏拉篇》第六章三节、四节。
③ 荷马（约前9－前8世纪），古希腊最有名的诗人。著有《伊利亚特》，《奥德赛》。
④ 普鲁塔克，古希腊传记作家、散文家。代表作有《列传》。泰摩列昂（前37年），古希腊军人。阿盖西劳斯，4世纪时斯巴达国王。埃帕米农达，古希腊军人。

谈放债

　　曾经放债被许多人用各种语言抨击过。[1] 他们说，是魔鬼吞没了上帝本应该拥有的十分之一的税。[2] 放债人的犁铧在礼拜天也是非常忙的，高利贷者简直就是亵渎上帝之规，他是破坏安息日的罪魁祸首。他们也说，放债的人就是维吉尔嘴里说的那只雄蜂[3]。当亚当和夏娃偷吃了禁果后，被逐出伊甸园，就有了第一条法规，那就是："除非你汗流满面否则就不能得到食物。"[4] 但放债人打破了这条法规，把它改成："靠他人汗流满面也能得到食物。"他们又说，放债的人做着犹太人做的事，应当戴着黄色的帽子。欧洲中世纪很多国家都曾经规定犹太人必须戴黄色小帽，因为犹太人中有许多放债者，并且以钱生钱是不符合天理的说法。此乃是亚里士多德在《政治学》中的观点。我就用一句话表示："因为人的心肠太硬，所以放债成了上帝允许的一件事。"

　　世上存在借钱和贷款这种事，可人的心肠有时硬得不愿意白

---

　　① 放债者自古有之，但一直被人视为不义之举。

　　② 《旧约·利未记》第二十七章三十节、三十一节中"什输其一"法的规定，凡大地所产的十分之一属上帝。

　　③ 维吉尔《农事诗》第四卷一百六十八行。

　　④ 《旧约·创世纪》第三章十九节。

白地借钱给别人，那就只好选择放债了。既然有人对国家设立银行提出过良好的建议，那么对借贷和利息也不妨做一下理智地分析。只有我们将放债的利弊一一列举出来，仔细衡量一下，才能在它采取进一步措施时，就不会纠缠于利弊的问题而争论不休了。

这种坐收渔翁之利的行为最大的害处就是它让商人逐渐地减少了，放债是一种极其懒惰的生意，它是让金钱静止不动的，是不需要应用于商业活动中的，而商业却是国家财政的大动脉。其次，农夫假设可以坐收高额的地租，他就没必要好好耕种了，所以放债就会产生许多没有素质的奸商。同样地，假如一个商人坐享高利贷，也就不会正经地做生意。第三个害处是上面两个害处的延伸，会造成给君主或国家税收减少，因为商业利润的上升或下降都是与税收的潮涨潮落相关联的。第四个害处是因为高利贷者稳赚不赔，借债人就没有此命运了，所以它就会使一个国家的财富大多数都进了高利贷者的钱箱，而一个国家最兴旺的时刻，是在财富均匀分配的时候。第五，放债会使土地的价值降低。因为金钱的流向主要用于商业和购买土地，而这些都被放债的拦截了，负债者虽然想购置田产，手中却没有钱。第六，它使工业、改良和发明没有了创新，受到冲击，因为这些事情钱是前提也是充满活力的保证，但是高利贷使钱的流通速度就像鼻涕虫一样爬得十分缓慢。最后，它摧毁了许多人的产业，这样的情景，也造成了公众的贫困。

同样地，放债也有有利的一面。首先，它也在某种程度促进了商业的发展，尽管放债也是会有阻碍的。如果放债人把钱收回去，不向外借，那么商业会立刻停止，由于商业的绝大多数是由年轻的商人靠借贷付利息来运营的。其次，当人们陷入绝境的时候，他们不得不变卖自己的资产（土地或货物），而且价格是肯定会比资产实际的价值低很多，如果没有这种方便的借贷付息的方法，人们就无所适从了，他们在面临破产时只好仓促抵押或者卖掉自己的资产，因此，即便不是高利贷蚕食它们，恶劣的市场也会把它们腐蚀。要么人们在无利可图的情况下拒绝抵押，要么接受抵押，都是由于没资产。因此抵押和典当，根本于事无补。记得有一个狠心的乡下富翁曾经说过："让那些放债的见鬼去吧，由于他们，我们不能去回收抵押的产业和证券。"既然有借贷就要利息的，那么最后一个好处是一旦无门借贷，众多不便也是不容忽略的。废除放债也只能是空谈。所以，废除放债只能到乌托邦社会去讨论了。所有的国家都存在这种行当，无非就是放债的形式和利息不一样罢了。现在我们再谈谈放债的监管和改良。

权衡以上分析的诸点利弊我们觉得，下面两点有调整的必要：一方面要使高利贷的牙齿受到磨损，这样咬人也就不凶了，但也要给它留条门路，让那些有钱人借钱给商人，维持商业的运作。也可以在高利贷中规定不同的利率：一种低的，一种高的。因为对一般借贷者来说，假如使高利贷利率低点，那自然是好的，但是对商人来说，他却很难挣到钱。另外，既然商品贸易的利润可观，就应该承受得住高利贷的高利率，而其他行业就不行了。这就是放债的改善和管理。怎样使它扬长避短，看来只能依靠利弊两方面的平衡了。

为了能达到上述这两种不一样的意愿，下面是参照的办法：首先，一种是对所有人公开；另一种要有特许证，只适用于某些人、某些地区的商业，也就相当于高利贷要有两种利率。因此，第一，国家不应干涉，不予处罚，这样就不会由于借不到钱而导致普遍停顿和萧条，还可以使无数的借贷者安心经营，可以将普通的高利贷的利率减到5%，这种利率是自由的通用利率。对此，这也有利于提高土地的价格，因为还清购买16年的土地，可以产生6%或更多的利息，而高利贷只能产生5%的利息。相同的道理，大多数人，尤其是习惯于高收入的人，很愿意在这方面承担风险，所以也可以鼓励和推动工业的改良，因为他们中的一部分的人不愿只拿5%的利息。第二，实行两种利率。一种是自由而公开的，另一种是受控制的，只在特定的地区和范围内实行。特许一些人以高利息借贷给一些知名的商人，这是需要防范措施的。此外，为了让所有的借贷者，不管是商人还是其他人，都能从改革中得到利益，这种高利息也要比知名商人以往付的利息低一点。最关键的是不要让银行和钱庄做主，是要让每一个人成为他钱财的主人。我不是不喜欢银行，只是他们有一些可疑，会有一些骗局①。为了提高放债人的积极性，国家最好是给从事此项贷款业的人颁发执照，还可以特设一种征税制度，税率不可太高，否则会打击放债人的积极性。这些放债人必须局限在主要的商业城市或者城镇。不论是谁都不愿意把钱放到很远的地方，也不愿意把钱放到陌生人的手中，从而受到他们的损害。

有些反对的人说，高利贷从前只在某些地方认可，现在这种做法就是在承认高利贷的合法化。我的回答是，公开调整高利贷利率要比默许纵容高利贷猖獗要好得多。

---

① 培根时代银行业尚不发达，且无信用，所以培根有此看法。

论青年与老年

　　一个年纪小的人，假如不浪费时光，同样可以有丰富的阅历。不过，这种情况并不常见。通常情况来讲，青年人就像是第一次的思考，肯定没有再三思考那样周全。跟年龄相同，思想上也是有青年时期的。年轻人的创造力远远高于老年人，想象的灵泉会很容易涌上他们心头，就像是有神帮忙似的。但是，热情炽烈而情绪敏感的人往往要在中年以后方成大器。就像尤利乌斯·恺撒和塞普提米乌斯·塞维鲁斯一样①，秉性偏激但有强烈欲望和意念的人，他们在中年之前是不足以论事的。关于后者，有人说过："他度过了一个千疮百孔又带点疯狂的青春。"可是事实上他却是罗马历代皇帝中最有成就的一位。不过像奥古斯都·恺撒、加斯东·德·福瓦，佛罗伦萨的大公科斯穆斯②等这些脾气温和的人，一般在年轻时就会把事情都办好。另一方面，更加值得钦佩的是年老办事饱含热情和朝气。老年人的经验，对其范围内的事物是可以当作指导的，对新事物就是不发挥作用的。青年

---

　　①　恺撒 42 岁出任高卢总督，51 岁夺得罗马政权，52 岁才彻底击败庞培，当上终身独裁官，塞维鲁也大器晚成，47 岁当上罗马皇帝。

　　②　奥古斯都 33 岁成了罗马唯一的统治者，斯穆斯 18 岁当上大公，加斯东年纪轻轻当上了法国驻意大利军队的统帅，因用兵神速闻名并被载入史册。

人善于创造而不善于判断，善于贯彻新计划而不善于办理例行事务，善于执行而不善于审议。青年人的错误就会损坏全局，而老年人的错误则可能就是延误时机。

在做出准备采取行动时，青年人就会出现眼高手低，长于猛干而短于讨论，长于革新而短于守成；容易激动；急于求成而不顾方式和质量；盲目鲁莽地追随着他们的原则；忽略创新而致使难以预料的麻烦；在最初就采取偏激的补救办法，他们就像脱缰的马，不管不顾地乱撞，即使这是会让所有的麻烦加倍的方法，但是也会否认撤销。年龄大的人但凡一点成就就会感到满足。他们经验太少，后悔太快，考虑的时间太长，不赞成的东西太多，而且不能坚持到底。当然，在两者中互相取长补短是最好的，这对现在和未来都是有益的。老年人在台上的时候，青年人是可以向他们学习的。老年人可以说是权威，而青年人容易得到人们的宠爱和欢迎，青年人敏锐果断，但是行事轻率却有可能毁坏大局。

谈到道德方面，就像老年人在处世方面会比较优秀，比青年人略微占优势。有一句经文说："如果是少年就要见一象，老年人就要做一梦。"[①] 有一位犹太教教士就认为"一象"要比"一梦"更加清楚地体现启示，因此他根据这句经文推论，青年人比老年人更靠近上帝。显然，年龄成熟最关键的是理解能力并不是意志和感情。所以一个人涉世越深就越世故，越会丧失正直纯真的感情。虽然有些人看起来早熟，可这种情况随着时光流逝是会

---

① 《新约·使徒行传》第 2 章 17 节。

变化的。例如修辞学家赫莫杰尼斯，就是略有些小聪明但却是极
为短暂的。在他青年时期的时候，他的著作非常精辟，可是时间
越久他却变得越加迟钝。第二种是可以让年轻人得到天分的，像
青年在流畅华丽的言辞这一方面是胜过老人的。所以，图利①说
霍顿修斯是"他还是自己，即使这已经不再适合他"②。第三种
人，像西辟奥·阿弗里卡努斯③，在最初的时候是志向远大的，
可是随着年龄的增长却长久地保持抱负。关于他，李维说得好：
"他的晚年还不如他的早年。"

---

① 图利（前106－前43），古罗马政治家、雄辩家和哲学家。赫腾修斯，约与西
塞罗同时代的人。

② 西塞罗《布鲁图斯》第九十五章。

③ 西辟奥·阿弗里卡努斯（前236－前184），古罗马名将。

论　美

美德好比是一块瑰丽的宝石，用朴素的背景来镶嵌是最好的。

类似的，即使美德在一个容貌不是很娇美的人身上，可那人气质高贵，举止清雅，当然也会令人刮目相看。可是通常情况下，就跟造物主在繁忙的工作中只求不出错一样，而没有多余的精力去创造完美的事物，十分美丽的人在别的方面不一定有更好的美德。他们过于追求形体之美而忽视了内心的修养。所以，虽然那些样貌很美的人表面大概很可能是有教养的，可是却经常是才疏学浅，胸无大志的，因为他们在乎的是容貌，而不是美德。可这种想法并不是一成不变的，也并不是永远正确的，例如提图斯·韦斯巴芗、奥古斯都·恺撒、英国的爱德华四世、雅典的亚尔西巴德、法国"俊美的"菲利普、波斯的伊斯迈尔①都是既伟大又高尚的人物，同时在他们那个时代是最美的男子。

说到真实的美，服饰之美远远不如容貌之美，而容貌之美又

———————————

①　奥古斯都·恺撒和提图斯·韦斯巴芗都是古罗马著名皇帝。腓力普王，法国国王，1285－1314 年在位。爱德华四世，英格兰国王，1461－1483 年在位。亚尔西巴德，古希腊著名美男子。伊斯迈尔，波斯国王，1461－1483 年在位。

不如端庄优雅的举止之美。美最珍贵的部分，是不能用图画描绘的，也是不可以一眼就能了解的。但凡说是非凡的美，都会在比例上有某种稀缺珍贵之处。谁也不能分辨阿佩勒斯①和阿尔伯特·丢勒②究竟谁是最伟大的戏谑者，他们俩中一位是从几个不一样的面孔中选取其中最好的五官来创造一张完美的面孔，另一位则是按照几何学的比例来画人。

我认为，这种方法画出来的人，估计只有画家本人会喜欢吧。我觉得他更应该用灵感去创造（就如同一个音乐家创造优美的乐曲一样），并没有说一个画家不能创造出一张更美的面孔，是应该说用他的灵感去描绘，创造它的经常是机遇，而不是公式。还有一些面孔当人们会看到时，假设你把它们分解开来一一审察，你就会发现每一个部分都好看，但如果把这些部分拼凑起来，就不会是一张美丽的脸了。"最美的季节是秋天"，假如美的珍贵确实是存在于端庄的举止之中，那么上了年纪的人往往看上去更加和蔼可亲也就有道理了。因为对于年轻人来说，如果我们不能把青春当作是对美的补充，不能饶恕年龄和经验的浅薄，那就谈不上美丽了。美就像是夏天的水果，易腐烂，难保存。美经常是让人在年轻时放荡不羁，到了老年就是要忍受悔恨的。可假设美能适当地落在值得拥有它的人身上，就会使美德生辉，使邪恶汗颜。

---

① 阿佩勒斯，公元前4世纪希腊画家，善画肖像。
② 丢勒，德国画家，著有《人体比例研究》一书。

论残疾

就如同是造物主对他们残忍一样，绝大多数残疾人（像《圣经》中所说的）"失去了造物主的怜爱"①，所以残疾者大都缺乏自然的感情，他们也会对造物主施以报复。所以照理说，残疾的人和造物主之间就算是扯平了。

肉体和精神之间确实存在着关联，造物主在这一方面出了错，她会赋予另一方面的勇气。经文上说得好："她如果在一方面犯错误，也就会在另一方面冒险。"人对自己身体上的缺陷是无能为力的，可是有选择和修正能力是人的精神境界。所以，人们心中只要拥有明亮的太阳，那它的光芒就可以照耀到需要的星宿。也就由于这样，残疾不能决定性格，只是导致某种性格的原因而已，并且原因的力量是不如小觑的。残疾的人，大多数是非常勇敢的，因为只要身体上有被人嘲笑的缺陷，就会在心里不停地鼓励自己，从而把自己从轻蔑嘲笑中解救出来。这勇敢最开始就只是为了反抗那些直面的轻蔑，只是一种自卫，可随着时间，这种勇敢也就成为一种习惯。而且，还有一种人，他们喜欢观

---

① 《新约·罗马书》第一章三十一节。

察、找出别人的弱点，从而得到心理上的慰藉，这也算是残疾给他们的另一种本能。另外，残疾还可以减少他们上司的猜忌。因为他们认为，残疾人是可以随便轻蔑的。残疾也能减少同辈中的竞争者，因为他们认为残疾人是不可能有晋升的可能，直到他们看到了事实。所以说，对于那些才智超群者，残疾是可以成为成功的关键因素的。

古代的国王（包括现在一些国家的帝王）经常会对宦官产生极大的信任，因为他们嫉妒所有人，而会对专制君王更为亲徕，更加殷勤。可他们能够得到信任，只是由于他们是密探和告密者的首选，并不是好的官吏和办事人员的选择。这也许就是残疾人的情况。假设残疾人有坚强的灵魂，也是上述的理由，他们也要把自己从蔑视中解救，可他们不是用美德就是用的罪恶。因此，假如有些残疾人被证明是杰出的人才，像阿杰斯劳斯①，甚至苏格拉底②，苏莱曼的儿子赞格③、伊索④、秘鲁总督喀斯卡⑤，也就习以为常了。

---

① 阿杰斯劳斯天生瘸腿。
② 苏格拉底貌丑。
③ 赞格绰号"驼背"。
④ 据13世纪发现的一部手抄本《伊索传》，伊索之形体丑陋不堪。
⑤ 据说此人四肢奇长。

论建筑

　　建造房屋是为了让人居住，并不是用来供人观赏，所以，除非两者都重要，不然就要优先考虑实用，而后再追求美观。当然，二者能够兼顾则更好。那些只为了美观而建造的房子还是把它们留给诗人们做迷人的宫殿吧！他们在幻觉中建造这些房子是不需要花钱的。

　　假如一所好房子是建造在不好的环境中，那不就相当于把自己送进了监狱。说的不好的环境，我认为不只是说那里气温不好，也指像空气中污染之类的情况。许多号称特别好的宅邸坐落于小山包上，被较高的山陵围绕着，这样，就会沉积许多太阳的热能在内，而且风也会在这里聚集。在这里居住，你将会感受到寒暑剧烈交替变化，就像你同时住在各种不一样的环境里，一天之内感受四季。

　　假如你赞成墨纳斯①的说法，就是环境差还有不良的邻居。此外那些不良的环境，并不仅仅指不良的空气组成的，还包括不良的市场、不良的道路等，因为缺少林木，缺少水，而没有树荫

---

　　① 　希腊神话中专门吹毛求疵的神，因挑不出美神的毛病被活活气死。

的遮掩；土壤是几种自然混杂的，没有肥沃的土地；附近也没有
可以打猎、放鹰、竞赛等运动的场地，最好应当考虑伊索寓言中
评论之神摩纳斯的告诫——给房子装上轮子，为的是能够逃开坏
的邻居。视野也不够宽阔，土地也不够平坦；距离海洋或者湖泊
或近或远，都没有可以通航的河流，没有航行的便利或水道来疏
通河水泛滥的威胁；距离大城市太远就会耽误处理事务；或者距
离大城市太近就会耗费过多的日用品，使生活费用负担加重；某
地能使一个人更加容易地创造财富，而另一地点就会有局限条件
等等一大堆诸如这样的理由。事先我们就应该先清楚情况，以便
问题一涌而来的束手无措，由此看来，一个人可以尽其所知地趋
利避害。假如同一时间拥有好几处住房，在这一所缺乏的某些环
境条件，有可能在另外一处中获得弥补，假如他还拥有几所宅
第，也可以把它们都收拾好。当庞培在鲁库鲁斯的家里看到悠长
的长廊和十分宽敞明亮的房间时，就说："如果到了夏天，这儿
的确是一个避暑的好地方，但是冬天你怎么办呢？"鲁库鲁斯回
答说："你在说什么呀！冬天即将到来的时候，鸟儿们都知道迁
居，你不会还没有鸟儿们聪明吧！"①

　　讨论过房屋的环境问题，我们就该说一说房屋自身了。我们
将仿照西塞罗在论述艺术中使用的方式。西塞罗曾经写过几部
《论演讲者》和一部名为《演说家》的著作，前者阐释的是演说
自身的艺术，而后者就描述了令演讲尽善尽美的最高境界，讲述
演说的实践。依照这样的方式我们用一个简易的模型来描绘一座

---

　　① 　普鲁塔克《列传·鲁库鲁斯篇》第三十九章四节。

王侯的宫殿。欧洲现在依然存在像梵蒂冈和埃斯库里阿尔宫那样的伟大建筑，可是欠缺优美怡人的房间，的确是令人惋惜的。

首先，我认为一座宫殿要有两个不一样的用途，否则它就是不完美的。就像《旧约·以斯帖》中所说，其中一个用途做宴请来使用；另一个用途做起居来使用。宴请，是为了节日与各种庆典而建造的；而起居，则是为了人们的生活居住而建造的。虽然它们在房间内可以划分为若干个房间，但是在外观上应该是衔接的。这两个部分不一定都放在后院，也可以作为前院的一个部分。比如中间可以盖一座高大、宏伟的塔楼，将两个部分衔接在这座塔楼的两侧，就如同是塔楼的两翼。宴客厅在一侧正面的二楼，需要大约 40 英尺高宽大的一个房间；楼下也要有这样的一个房间，这样在庆典和宴会的时候，就有了化妆更衣和准备的地方。起居生活的一部分，我倒觉得应该是分隔开的。首先应当隔出一个大厅和礼拜堂（两者是彼此分开的，这两个房间不能把这一面都占了），它们应当布置稳当，而且庄重有威严。在最里面的顶端，还应该有一个冬天和一个夏天各使用的客厅，而且都应该美观。在全部房间的下面，还应该布置一个干净、宽敞的地下室，还要有厨房、酒类贮藏室、食品室之类的房间。至于塔楼，它应当分为两层高出两翼的房子，最起码每层要有 18 英尺高，用优质的铅皮覆盖楼顶，还要用竖立的雕像围绕四周。同样地，塔楼也应考虑分隔为适宜的房间。要建造一个漂亮、裸露的圆柱上环绕在通往顶层房间的旋梯上，圆柱外面被木刻的、黄铜色的雕像精细地围绕着。楼梯顶部的装饰应当很讲究。顶层可以布置成一个非常漂亮的餐厅，然而这样的话任何一间下层的房间都不能再把它作为仆人的餐室了，不然仆人餐室的蒸汽会像烟囱里的烟一样飘浮到上层。关于宫殿的前部要说的就这么多。最后一点是，由于楼下房间的高度是 16 英尺，因此第一层楼梯也要这么高。

穿过此楼正堂的前面，需要看到一个优美的庭院，庭院的三面应当用低矮的建筑做陪衬。有美丽的楼梯安置在四个角楼里。角楼最好不能超过前院的房子，而应该与较低的房屋和谐。除四边的小径和中间的"十"字形道路以外，不要用砖石铺筑在庭院地面上，因为它会在夏天辐射过多的热量而冬天就会太冷。最好是在地面种植草皮，还要常常修剪，可是不要剪得太过频繁，草皮不宜剪得太短。

在宴客厅一侧后面的那一列建筑要用宏伟的长廊链接，在长廊中按照等同的距离应建造三至五个漂亮的圆顶阁，在上面装饰一些特殊的、绘有各种图形的彩色玻璃窗。在起居一侧的后面，应该是会客厅、普通的招待室和几间卧室。为了确保在上午和下午都有阳光照到你的房间，并且避免长时间日晒，所以三侧的建筑都是需要建成双重的。因为这样，既适宜夏天，也适宜冬天，会是冬暖夏凉。偶尔你也可以搬到安满玻璃的漂亮房子，因为在那里不需要找地方躲避阳光和寒冷。至于凸窗，我认为它们是非常有用的（在城市里，临街的墙要整齐一致，适宜用一些和墙面齐平的凸窗），它不仅仅是修饰了休息室和会客室，而且还有遮风挡阳光，因为有了凸窗那些穿过房间的风和阳光就照射不进去了，但是其数量不宜多，庭院中只需要在房子的两侧各修建两个就可以了。

在这个庭院后方，还需要有一个内庭院，他的面积和建筑物高度都是和前一个保持一致的。这个内庭院的四周应被花园环绕着，高度应和第一层楼相同，庭院内侧四周最好建造回廊和一些奇特的拱门。面对花园的楼下房间，应该要建成那种像山洞一样凉爽的住所，或者建成适于避暑的房间。为了防止潮气，应该在面向花园的一面开设一个和地面高低一致的门窗，不可比地面低。在庭院的中间，要和前一个庭院一样地进行地面的铺设，同时要建造一个喷泉和做一些精致秀美的雕像。庭院两侧的房间是留给自己家庭住的，那顶端的一排就应当是个人收藏室。为了方便于王侯或身份特殊的人患病时使用，还要在房间中准备一处作为医务室，而且还应当附有寝室、休息室、内室、小客厅等。房子的内外都应尽可能布置得精致和讲究。这些所有，建在二楼比较好。

在第一层楼上，应该建造一个既美观又精致的用圆柱支撑的敞开式阳台，在三层楼上，也应该与第一层有一个互相对称的阳台，以便于观望花园的景色，呼吸新鲜的空气。在庭院最远处的两个角落，还有庭院的转弯处，应当建造两个精致的、富丽堂皇、装饰特别、高贵大气的小阁楼，用水晶般的玻璃当作墙壁，中间还要有一个奢华的圆屋顶，并用一些精致优雅的饰品陈设。假如还有地点，在阳台之上，还可以建造一些从墙上飞落而下的泉水，还要有畅通的排水道。关于宫殿的模型，也就是这样了。

除了这些，在通向这座宫殿之前的路上，你还需要建造三重功能各异的院子，一个是被围墙围起来，而且还有些青草的朴素的院子。第二个院子和第一个大同小异，添加一些被装饰过的小塔楼，装点在围墙上。第三个庭院就依附在宫殿的正面和它一起构成一个正方形院子。在这周围不要建造房屋，也不要裸露的围墙，可是需要三面都要用铅皮顶环绕覆盖、装饰漂亮的游廊。游廊的里面不要用拱门支撑而是用支柱。至于办公处，则要和宫殿保持一定的距离，可以用低矮的走廊与宫殿相连接。

论花园

种植花园的创造者是无所不能的上帝。[①] 庭院雅趣，是人类最高尚的娱乐之一；"耶和华把所造的人安置在东方的伊甸园建造的一个园子里面"。的确，这不仅仅是人类心灵净化富有乐趣的消遣，同时也是补充人类精神最好的滋补品。缺少了花园，即使高墙深院，雕梁画栋，也只见人工雕琢，而不见天然的情趣。建筑物和宫殿将会失去生机，只会是粗俗的一般人工制品。就如同人们知道的，在时代向着文明雅致转化的历程中，人们总是首先创造建筑的辉煌，然后再创造园林的雅致，似乎园艺学才是更加完美的文明。

文明的起点，始于城堡的兴建。而更高一级的文明，必定伴随着一个高贵典雅、品质优秀的花园，我觉得应该是一个适宜一年四季的花园，在一年中的每个月，都有着属于自己的别致的时令花木。在 11 月的下半月、12 月和 1 月，种植一些例如冬青、常春藤、紫杉树、松树、冷杉树、月桂、桧树、柏树、迷迭香、薰衣草还有白色、紫色和蓝色的常春花，以及石蚕花、菖蒲、柑

---

① 《旧约·创世纪》第二章八节。

橘、柠檬等在整个冬天都仍然是绿色的有生气的植物。假如是在温室中养殖，就可以选择种植桃金娘。还有在温暖一些的地方适合种植甜的茉乔栾。随后，1月底和2月，就会有黄色和灰色两种报春花、樱花、荷兰风信子、银莲花、早开的郁金香、小鸢尾花、贝母。这时，节瑞香树就会开花了。在3月，就属香堇开得最早，特别是蓝色单花瓣的那一种，以及多花蔷薇。还有黄色的水仙和雏菊，杏树、桃树和山茱萸树相继开放。接下来，在4月进入花季的有双花白色的香堇，黄紫罗兰、香紫罗兰，黄花九轮草、蝴蝶花，郁金香、重瓣牡丹、白色水仙、各种百合花、迷迭香、法国忍冬、樱桃树、李树，以及抽出了新叶的白曼陀罗和丁香树。在5月和6月，各种石竹花，尤其是红色石竹，纷纷绽放，还有除了麝香蔷薇开花较晚之外的所有蔷薇花，牛舌草、耧斗菜、忍冬、草莓、茶藨子和无花果树也在结果，法国和非洲的万寿菊，以及樱桃树也挂上了果实。蔗莓、葡萄花、薰衣草、白色的香兰、百合草、铃兰和苹果树竞相开放。在7月，早熟的梨和洋李树就要开始结果，花儿也有各样的紫罗兰、麝香蔷薇、橙树等，而且同期结果的还有早熟的苹果和尖头苹果。和8月相适宜的是各种挂果的李树，还有梨、杏、伏牛花、榛子、甜瓜和各种颜色的附子。9月，葡萄、各种颜色的罂粟花、桃子、苹果、冬梨。在10月和11月初，就有花揪果、欧楂树、野生李树开始开花结果了，还有因为剪枝和移植而晚开的蔷薇、蜀葵之类的花木。以上这些花木的情况全是依据伦敦的气候条件而言，可我只是为了表明这样的话，应该做到因地制宜，你的花园一定会是四季如春的。

　　当阵阵轻风吹过花丛，送来阵阵浓郁的芬芳时，这种美妙的感觉，正像天上的仙乐飘飘。任何事情都没有了解何种花卉是使空气中充满浓郁的花香更让人有兴趣了，因为花的香气在空气中（花香在空气中的传播就好像是音乐的颤音）远远比在手中的香气更加浓郁。淡红和鲜红的玫瑰是毫无香气的，所以即便你被许多的它围绕着，也不会闻到它们的气味，即使是在有露的清晨也一样。月桂在生长过程中也同样没有香味，茉乔栾的香味也是很淡的，迷迭香的香气也是很少。[①] 香堇则是在空气中产生香气最为浓郁、超过任何其他花木，特别是白色双重花瓣的香堇，在一年里它会开两次，一次大约在 4 月中旬，一次在圣巴索罗缪节（8 月 24 日）前后。紧接着就是麝香蔷薇，随后是草莓将要凋谢的叶子，它会散发出一种让人亢奋的绝妙的气味。再就是颗粒很小的葡萄花，它就像小糠草的草籽一样，在最早长出来的时候，是结成花穗的。还有就是多花蔷薇，以及黄紫罗兰，在会客室或者寝室中位置较低的窗台上放上这种花会是使人愉快的。接下来，石竹花和紫罗兰，尤其是花坛石竹和丁香紫罗兰，还有橙树的花。再就是忍冬，这种花的香气是适合离得稍远一点欣赏。至于豆花，虽然它有香气，可只适合生长在田野里。并且要踩在上面并将其压碎，而在它其侧徘徊是没有用的，共有三种能使空气中充满令人愉快的香气的花木：地榆、野生百里香和水薄荷。因此，你可以种植它们在通往花园的小径上，这样在你散步时，就会有几分额外的愉悦。

———————————

　　① 以上几种花木是提取芳香油的好原料。

关于花园（像上面建筑一样，我描绘的是一个真正的王家园林），它应该不少于 30 英亩，并应分为三个部分：在入口处应该是一片草坪，而出口处则是不作整饬的一片花草灌木丛，花园的主体则是中间部分，此外在两侧还应当有一些小径。我认为花园的面积分配应该是这样安排：草坪分配 4 英亩土地，花草灌木丛有 6 英亩，两侧各用 4 英亩，花园的主体需要用 12 英亩，草坪一样可以使人赏心悦目。草坪具备两个优点：其一，不论什么事物都没有修剪适宜的草坪能给人带来视觉上的愉悦；其二，你可以在草坪中间开辟一条供观赏的小径，穿过小径你可以走到宏伟的、被花园围绕着的篱垣前面，假如是很热的时候，这条小径就未免显得过长。因此，应该在草坪两侧建造有遮盖的小路且最好是约 12 英尺高，这样一来，就可以凉爽地走进花园。对于在靠近花园一侧的房子窗前应该安置各色泥土构成的花坛和图形，这些仅仅是玩具而已，你或许在果馅饼中看到相似的美景。最好用正方形的结构来做花园的主体部分，用宏伟的带拱门的篱垣围在四面，拱门需要用木工建造的支柱支撑，高 10 英尺、宽 6 英尺。每扇拱门之间的间隔和拱门的宽度要一致，拱门的上面是一圈完整的 4 英尺厚的篱墙。在篱墙上面，每个拱门的上部要有足以容纳一个鸟笼的角塔，在每个拱门之间的上面，还需要有一些别致的小雕像来装饰，并且是用明亮的金属片制成，用宽大的彩色玻璃装点周围，是为了阻隔阳光照射。我认为还应由一个土堤将这个篱垣抬高一些，这个土堤应该比较平缓，还要用花卉种满，最好是一个平缓的大约 6 英尺的斜坡，但我觉得在两侧应该留下足以容纳各种不一样的边侧小径的土地，正方形花园主体不应该占据这片土地的整体宽度，这些小径应是通向草坪两侧有遮盖的小路。可是绝不要有附带树篱的小径在篱垣围起的花园主体的两端。前后的两端都不要，因为它们将阻碍从草坪到漂亮篱垣的视线，还有就是由于这样的话就会在你通过篱垣的拱门的时候，看不到后面的花草灌木丛。

我不需要讲关于宏伟的篱垣内花园的安排，尽可能地做各式各样的。需要注意的是在开始设计时，不论怎样最好它是简单的、易于建造的。针对我个人而言，我不会在松柏和其他树上雕刻因为我不喜欢那些孩子们才喜欢的图像。我只要园中有宽阔和漂亮的道路就满足了。我比较喜欢树篱被修剪成圆圆的、绲边的、小而低的形状，最好附带一些漂亮的尖塔。还有，建造一些美观的圆柱在一些地方也非常好。那些在花园边侧的土地上修一些狭窄的小径我不在意，可是花园的主体部分是绝对不允许的。在花园的正中央，最好有一座漂亮的小山，整个小山高约 30 英尺，山上有三段阶梯直达山顶，其宽度足以让四人并排行走。还要不需要屏障和装饰的环形路。山上要建几间雅致的附带整洁壁炉的宴会厅，最好不要安装太多的玻璃。

对于喷泉，尽管它可以让人赏心悦目，但会让一切都不美好，因为它会使花园非常不卫生，繁衍很多蚊蝇、青蛙，但是喷水池是要十分漂亮的。我所说的是有两种喷水池：一种是喷水式的；另一种是一个 30 英尺或 40 英尺见方不带鱼的，也不应有黏土和淤泥的干净的清水池。水应当是活水，以免日久腐臭。第一种，装饰应该用一些镀金或者大理石雕像都是非常好的。怎样使水流动是主要的问题，不然水就会被污染，无论是在水槽和水池，水都不能滞留，不然它们就会变为绿色、红色或者其他的颜色，还会长满苔藓和各种腐烂的东西。不仅使水流动起来，还要用人工将其每天清洗干净。最好铺砌一些台阶在喷泉下面，四周要铺筑很好的地面。那另一种，我们就把它称为人工泉，它可以容纳许多奇思妙想得美。比如砌成图案，精心铺设的池底，边侧一样一致，此外用低的雕像做成四周的围栏，而且还要用彩色的玻璃和相似的有光泽的饰物来装饰。还是使水不断地流动依然是主要的问题；水源应该是总是在流动的，并且供应水池的水位应高于水池，穿过一个造型漂亮的喷口注入池泉之中，再经过同样口径的水管在地下排放出去，这样水就不会在池中滞留。至于那些精巧的设计，它们看上去很美妙，可是对身体健康和精神愉快一无是处，例如说让喷水如虹而不外溢，或者使水升高形成不同的造型，像羽毛、像酒杯、像伞顶等等。

对灌木林区地不能忽略。花卉灌木丛是我们这片土地的第三部分，我觉得它要尽量保持自然原始状态的构造。里面也不要有一棵树，仅仅种植一些多花蔷薇、忍冬和野葡萄之类的灌木即可。也可以种一些香堇、草莓和报春花在地面。它们都是适宜在阴凉下生长，并且是有香气的。形态要自然多样，它们没有必要是整齐划一的，这儿一簇、那儿一簇地生长就好。我比较中意大小像鼹鼠丘一样的小土堆，像在野生草丛中的一样，能够种植野生百里香、石竹，还有石蚕，因为它们的花让人赏心悦目。另外，还可种植一些虽然不名贵但却漂亮而又有香气的花木，例如常春花、香堇、草莓、雏菊、红玫瑰、山谷百合、黄花九轮草、红色的美洲石竹、乌斗。也可以在一些土堆顶部种植一些直立的小灌木丛。灌木丛应该有杜松、冬青、玫瑰、伏牛花（这种花只可以零星地种一些，因为它开花时有一种不太好的气味）、桃金娘、迷迭香、月桂、红茶藨子、多花蔷薇之类，可是这些直立的灌木丛要经常裁剪来保持美观。

在花园两侧的土地应当修建各式各样的小径，一定是幽静的。其中一些还要考虑到遮阳的问题，沿路也要栽上漂亮的花树，并且使树枝遮蔽成荫。无论阳光从任何一个方向照射，都不会被照到。还应该有一部分是具备遮风效果的，这样就可以在风刮得厉害时，散步会像在走廊中一样。例如就可以用树篱把处于两端的遮阳小径围上。小径要用心来铺设，不能长草，以免弄湿鞋和衣服。以此，也可以在一些小径的周围栽上整齐排列成行的果树。通常情况下需要注意的是，花园内种植你应该选择宽阔而且低矮的果树，不应该太过于突兀。在周围也应该有好看的花草，但是不可过密，防止树木影响到它们的生长。在土地的尽头，可以的话应尽可能堆成高度适宜的土墩，站在上面，人可以瞭望周围的原野，至于花园的围墙只要齐胸高就可以了。

我对花园主体部应该有和两边平行的幽静小路并不反对，还可以在路边种植果树，对修建栽有果树的美丽的小山和附带座位的凉亭也不反对，但我不能容忍其安排得过密，这些都还是需要适宜地安排。花园的主体部分是要视野开阔，绝对不能闭塞，最起码空气是可以自由流通的。至于阴凉，尽量留给边侧土地的小径。只要你愿意，在一年或一天中最热的时候，都可以在其中散步。可是花园的主体，在酷热的夏天仅是为清晨、傍晚或阴郁的天气准备的。

对于安置大型鸟舍，假如不是面积足够大，不然我是不希望有鸟舍的，而且园林中最忌讳鸟粪遍地，污秽袭人。应该有足以铺上草皮而且栽植作物和灌木丛的鸟舍，这样鸟儿活动空间才会更大并且自然繁殖，而且还能保持花园内清爽整洁。

上面就是我为一个王家园林勾勒的一个大概，是我认为比较理想的园林设计。一部分是想象，一部分是规划，这只是它的一般纲要，并不是具体的模型。不过可以看出，我并没有考虑费用，因为这一点对于显赫的王侯们是绝对不用担心的。大多情况下他们会听取工匠们的意见，把很多东西拼凑在一起，这其实这才是最浪费钱财的。有时他们会更在意形式上的奢华和高贵，但是对于真正的情趣却不予理睬。

论交涉

通常来说，用书信都不如交涉，面谈要好，求助第三者在之间协调肯定要比本人出面处理好。可假如一个人准备用书信作为以后的证明时，或者想要得到一个对方的书面答复时，或者交谈是会被人打断和可能听的不认真的时候，书信交涉是最佳的方式。不过假设那个人的颜面可以得到对方的尊敬（像通常上级对下属那样），或者是想要观察对方的面部表情。同时，也有助于开诚布公地做出解释。来体味心境，或者需要以后否认或者解释时的宽松，面谈就有好处。

让淳朴的人去办理交涉是最佳的选择，他们喜欢去做拜托给他们的事务，并且在完成之后告知最真实的结果。绝对不能选择那些狡猾之人，他们会千方百计地利用他人的事情为自己来争取利益，并在报告中夸张其结果从而令委托的人高兴。注意量才使用才是用人之道：嘴会说的人可以委派他去劝人；机灵的人可以委派他去观察和探索；勇敢的人应该委派他去争辩；刚愎自用和蛮横的人，则可以委派他去交涉没有胜算的事务。当然，还有那些雇请过且有幸取得事情成功的人，他们也是值得任用的，因为过去的成功会使他们更加自信，他们也会努力维护自己的信誉。

与人谈判时，假如想要知道一个人的意图，可以先旁敲侧击，委婉向前，不要提及交涉的问题，这样比开门见山要好得多。假设你想要用开门见山的方式让他措手不及。与一个有极强贪欲的人交涉要比和一个无欲无求的人交涉要好。假定和另一个人在某种条件之上达成协议，那么，问题的所有就是谁先履行这些条件。这时应该做的就是想方设法牵制住对方，至少让他相信你的承诺是真实的，不然一个人就没有要求对方首先履行义务的理由。

一切交涉的实践，事实上就是在观察人和利用人，人们自己的真实情感流露经常是在充满激情之中、被相信之际、出乎意料之时，或是他需要某种东西的情况下，应当准确分析对手的心理，以便牵制他。如果你想影响一个人，为了引诱和规劝，你就一定要了解他的性格和习惯，至少了解他的目的。了解他的弱点和短处，以便震慑他；又或者了解与他利益有密切联系的情况，以便控制他。与狡猾的人谈判，你一定要明白他的真实目的，而且少和他们讲话最好，以便理解他们的言辞，假如非要讲话就要出其不意。无论是怎样困难的协商，都不要幻想播种之后就马上收割，倒还不如做一些准备工作，耐心等待时机，等待其渐渐成熟。

论追随者与朋友

仆侍过多弊大于利，一个人假如把尾巴拖得过长就会削短自己的羽翼，追随者如果是高代价的就不讨人喜欢了。我讲的高代价的追随者，不仅仅是指那些索取过多金钱的人，而且还包括那些恬不知耻的贪婪人。常常追随者索要的不应该超出主人的善言相容，善意相待，以及周全保护。有的仆人喜爱吹牛，善于泄露机密，成事不足败事有余。结党营私的追随者就更加让人厌恶。他们依附的理由，他对别人不满意，而不是出于对主人的仰慕，我们经常可以看到在一些大人物之间所出现的肮脏事件，其缘故就在于此。

爱慕虚荣的追随者总是到处夸耀他的主人，这确实也是很麻烦的一件事。因为他们总是会泄露机密，弄巧成拙，会致使他们的主人失去人心，声誉受损。还有一种追随者，其实就是间谍，也是非常危险的。他们专门窥探主人的隐私，然后胡编乱造，散播谣言，嚼舌根。可他们十分会献殷勤，往往这种人最能够得到主人的宠爱。

成功的大人物拥有和他本人的事业身份相适应的一批追随者（就如一批士兵追随一位参加过战争的人那样）是毋庸置疑的，

只要不是炫耀和夸大，即使在君主国也是可以的。假如一位伟人是由于自己崇高的品德招揽能人，礼贤下士从而赢得有识之士的追随，这才是最值得钦佩的。但是，如果不是德才兼备的人物，那么任用能力较强的人还不如任用能力一般的人。在邪恶时期，那些有才之人远远要比有德行的人更有用处。假如是宠幸的话，最好是把他们区分开，择优使用，这样就可以让被提升的人心存感激，而其他人就会更加殷勤，因为所有都是主人的恩德。反过来说，对管理者而言，对待同等资历的人一定要一视同仁，因为假如太丰厚，就会让他们骄傲自满，从而致使其他人不满意，但是其他人也有一样的资格的话，就有权要求相同的待遇和提拔。

　　一个非常有效的办法就是不要对任何人一开始都过于看重，不然，我们将没办法进行下去，以后你就难以再作奖励。被一个人摆布是不恰当的，这既表现了主人的软弱，也容易臭名昭著。所以不要轻易相信告密者，也不要被众意所胁迫。那些受宠者被世人批评的同时也会影响其主人，使主人的名誉受损。不过更加不幸的是被很多人弄得莫衷一是，因为这会让人听从最后一人的话而无所适从。接纳朋友的一些忠告其实是值得赞扬的，因为经常都是当局者迷，旁观者清，假如没有低谷之低，怎么能显出高山之高呢？人们所夸赞的那种友谊在世界上是基本上不存在的，尤其是地位互相平等的人们之间更为绝对稀有。换句话说，世间的友谊多存在于地位不同之间，因为唯有他们才可以荣辱与共。

论请托者

私人的请托确实是会败坏公益的，因为有人会去谋划做许多不良的事情。① 对于许多好的事情，承担的人却心怀不轨。虽然律师有时候也可以主持正义，但是律师承包案件绝非出于对你的同情，而只是为了从你的官司中谋利。所谓心怀不轨，不仅是道德层面的，也包括狡猾在内。虽然有些人答应了一些请托，可在心里却不想去替人办事。可是他们一旦发现事情在别人的力量帮助下马上就要成功的时候，他们就迫不及待地让请托者对他们有感恩之心，甚至再一次索要报酬，或者在事情还没有办妥之前就利用那请托者的希望，但是其实这些人都是些心口不一的人。

为了阻止某人，有些人就会接受别人的请托，或以此为借口来散播谣言。目的一旦达成，他们就不顾受托之事的成败。同样地，这些人之所以答应某项请托，通常情况下，目的就是利用别人从中获取自己的利益。而且还有些人答应替人办事，目的就是来取悦委托人的仇敌或竞争者，因此事实上他们就是不希望这事办成，从而搞垮委托人，当他自己的目的达到时，就会弃你于不

———————————

① 在培根时代，拜托有权势者向朝廷，甚至向君王提出请求并代为说项是正常之事。

顾了。

毫无疑问，无论是什么请托背后总是伴随着是非，假如请托是为了赏罚的，其中必有功过之分；假设是为争讼的请托，其中必有曲曲折折；一个人假如由于受情感的驱使使自己在赏罚之争中偏向了缺乏德行的，那么他最好不要为了自己偏爱的、就去恶言说功绩较大并且值得提拔的人。一个人假如由于受了情感的驱使而在诉讼之争中违背真理，那么他最好利用自己的能力达成和解，而不要把事做得太缺德。遇到自己不懂的请托之事，还是先去请教一位忠实而又博学的朋友，这个朋友可以针对请托之事给你最真挚的建议。可这种顾问必须慎重选择，不然就会被别人牵着鼻子走了。

请托者当然是尤其反感拖延和欺骗的，因此，假如没办法帮忙，应该在最初就明白地告诉他。在替人办事时，也应该随着事情的进展把实情告诉他且不夸大和虚报；在事情办成以后只要自己应得的报酬即可。这样的举动才是正义的，而且还是值得感激的。在求恩遇的请托中，请求最早也无关大雅，即便这样也应该念及请托者的信任。假设此事必须选择，别无他法，就当给予报酬和途径让他自由选择，而不是白白利用人家的信息。

不明白请托的价值，是无知的体现；而忽略请托的是非，那就是没良心了。更不要为谋求高报酬而不择手段。做事紧密是成功的一个关键手段。因为自作主张，虽然可以让别的请托者没有勇气，但是也会刺激另外一些请托者加紧活动。托人办事关键的是选择合适的时机。明白地说就是，不仅仅要知道什么时候能避免他人从中作梗，还要知道所托之人什么时候会答应。在选择帮自己办事的人时，宁愿去找最合适的人也不要选择最有权的人。换句话说，宁愿去找具体事务负责人也不要倚仗那些总管。一个人假如被拒绝了第一次请托，但他既不沮丧也不生气，那么他经常能够得到补偿，其结果就像是被拒绝的事没发生一样。一个人如果很受宠，那么"取法其上，得乎其中"就是一条非常有用的规则，请托者最好逐渐地提高自己的请求，因为受托者初次很容易就会拒绝请托，那时他不怕得罪请托者；可是假如受托者已经为请托者开始办事了，那么以后就不会拒绝了，因为这样不仅会失去请托者对他的好感与拥护，旧日对他的好处也会抹灭。多数情况，向大人物求一封推荐书是非常容易的事。但假如写这封信的理由是不正当的，那对写信人的名誉是极不好的。现在再没有比这些为人办事、包揽请托的人还恶劣的事了，因为他们就如同一种败坏公务的毒品和传染病一样。

论学问

　　读书的目的就在与娱乐、修饰和增长才能。而娱乐方面的作用主要发挥于自己的独处之时；其修饰方面的作用主要体现于言谈举止；而它的增长才能方面的用途主要适用于判断以及处理事务上。

　　实践经验丰富的人虽然能够完成特殊的任务，可要说起对事务在总体上进行筹划和安排一类的工作，大部分还得要靠有学问的人来做。把时间过多地花费在学问上就是怠惰；把学问过多地用做修饰则是虚伪；而那些完全按学问的规则来判断，那就是书呆子的嗜好了。天生的才能就好比是野生的植物，它需要学问来修剪装饰；如果学问本身不能成功接受实践的检验，那学问就显得太为宽泛和空洞了，因此通过学问可以丰富天性，而通过经验则可以完善学问。奸诈的人轻视学问，愚笨的人仰慕学问，只有聪明的人才会运用学问。学问本身是不传授如何运用的。这种运用之道是超越学问本身的一种才智，这是一种技艺，是没有经过体验就无法获得，并且是只有通过仔细研究观察才能获得的。读书的真正目的在于权衡和思考，而非消遣和演说。有些书只要了解一部分就行了；而有些书虽然可以全篇阅读，但不需要太过仔细；还有少数一些书就应该被人通读、精读、细读；至于那些不太重要的议论，只要读其中一部分即可，有的书只需知其梗概，以及那种比较平庸的书籍完全可以请人代读，找别人替自己摘录下来，但是还有那些是有删节的书，就像蒸馏水一样乏味。总而言之，就是有些书需要细细品读，有些书的读法如囫囵吞枣般，则还有一些需要细细咀嚼的。

读书使人充实；辩论让人机敏；写作使人精确。所以，如果一个人读书很少，那他就必须为人狡猾，才可以不被发现；如果一个人谈话很少，那么他就必须拥有灵敏的头脑；如果一个人写东西很少，那么他的记忆力就必须是出类拔萃的。

诗歌使人变得灵秀；历史让人变得聪慧；自然哲学就会让人变得深沉；修辞学能使人善辩；逻辑和数学能使人精细；伦理学则使人更为庄重。总之，"知识能塑造人的性格"。就好像身体上的任何疾病都可以得到相应的治疗，就好像滚球对肾脏好，慢步则益于肠胃，射箭有益于胸肺，骑马有益于头脑等等。"学问是可以陶冶人的性格的。"[1] 只要是精神上的障碍都可以通过适当的学问来解除。由此可以得知一个结论，如果一个人不善于辨别差异，那么他就需要去研读经院哲学家们的著作，因为他们都是有条不紊、细致入微的人；如果一个人精力分散，就可以叫他去钻研数学，因为如果他在演算的过程中没有集中精力的话，就意味着容易出错，那就得重新开始了；如果一个人不善于观察问题，不善于用事实去论证，那就可以叫他去研究律师的案卷。因此，心智上的什么缺陷都可以找到相应的办法去补救，都可以通过学习而得到改善。

---

[1] 奥维德《烈女志》第 15 篇 83 行。

论党派

　　大部分人都认为均衡各党派的利益才是君主的治国之道，其实这是一种极为不正确的想法。真正的解决办法却恰恰与之相反，最高的智慧并非体现在处理个人相互关系的能力上，而在于有关大众的规划，因为，即使是不同的党派也有不得不一致赞同规划的时候。当然，我并没有否定党派是必须忽视的。地位卑微的人在往上爬的过程中，肯定需要有所依附，然而本身就是高贵者的，因为本身就是权威，所以他们最好还是保持一种不争不抢的中立。而且，就算是初入仕途的人，他们即使需要有所依附，但还是需要掌握好分寸，最好可以持有一种温和的态度，来沟通各党的关系，才可以打开青云之路，否则只会引起其他党派的强烈不满。我们往往可以发现一件事情，那些地位较低、力量较弱的党派会相对团结。因此那些坚定的少数派可以战胜一些平庸的多数派的事情，也就有了依据。

　　如果党派之中倒了一个党，那么剩下的党也就会因此而四分五裂。就像卢库卢斯曾经与庞培和恺撒抗衡的时候，他和罗马元老院中的其他贵族（元老院中叫作"贵族党"的）结合在一起，可是当元老院被击垮之后，恺撒和庞培也随之破裂了。安东尼和屋大维则是因为两人都是反对布鲁图和卡修斯的，所以也曾合成一气与敌人相抗，可是在布鲁图和卡修斯被打败之后，没过多久，安东尼和屋大维就闹翻了。而在政治中也往往如此。虽然这些例子只是战争方面，但私人竞争也是如此的。因此，在本党分裂时上升为领袖的往往是那些次要的党员，可是即便是这样，他们最后往往也只能可悲地成为没有价值的人而被抛弃。对立斗争一旦消失，这些人也就无所是处了，因为他们的力量只能通过对立斗争才能显示出来。

很多人在有了地位之后，就会和原本是自己的反对党沆瀣一气。他们中的大多数都会高傲地认为，自己抓住了一个党派的命脉，而此时只是收买另一个新党的开始。尤其是当事情正处于一种僵持状态，犹豫不决的时候，这种叛党者就会很容易的从中获利。因为常常一个人的态度就是一种占据着至关重要的优势的力量，而这个人也会在此中得到相应的感激与回报。态度温和并不象征着总是在两党之间保守中立，因为他们奉行的是中庸之道，只是为了自己可以被两个党派都加以利用，从中来谋取自己的利益。在意大利，人们的确有些怀疑那些嘴上老挂着"众人之父"这几个字的教皇①，觉得这几个字不过就是一个幌子罢了，实际就是要把所有都置于自己的权威之下。因此帝王一定要谨慎，不可偏向任何一方，否则就会致使自己在误会或者在别有用心的传播下成为别人的党派。帝王与某党某派的结盟一定会对王权不利，因为这是要求一种义务的同盟，这是一种几乎和人民对君主

———————————

① 马基雅弗利指出"教皇的统治是意大利分裂衰败的总根源"。

所负的相同的义务，我们可以在"法国同盟"中看到这点，它逼迫着君主必须成为"我们中的一个成员①。"过分地支持和操纵党派就是王权衰落的象征，这对于帝王的权威和事业是一件很不利的事情。各个党派在帝王之下的运作就应该像（天文学家所说的）下级行星的运转一样，这些行星虽可以有它们固定的自转，但同时也应安然地接受着比第九重天还要高运动的支配。②

---

① 法国胡格诺战争期间由部分天主教教士和贵族结成的同盟，目的是与胡格诺派争雄，并削弱王权，法王亨利三世摇摆不定，终招杀身之祸。

② 据古希腊天文学家托勒密的《大综合论》所述，地球乃宇宙中心。

论礼节与仪容

　　一个人必须要有超出常人的才识品德，才可以对自己的行为毫不掩饰，不计小节。就如同是那不需要映衬就可以拿来镶嵌的宝石一样，就如同珍品一般。不过，如果我们仔细观察便可以发现，获得赞许就好像是生财取利一般。有句俗语说的就是，"小利是可以生大财的"，因为小利来得次数是可以很频繁的，而大利只是偶尔一次。同样，只要是大方得体的举动即便他很小也会得到大大的赞扬，因为这些小的举动在生活中是经常出现的，并且是最容易引起人们注意的，这才是一个人品德展现的机会，就如盼望节日来临一样，百年不遇。所以，如果一个人有好的仪容，那对他的名声是百利而无一害的。就像伊莎贝拉女王①所说，"它们就如同一封随时携带永久有效的推荐书一样"。

　　如果想得到优雅的仪容，那么只要不要忽略它们就可以了，因为只要一个人比较重视仪容，那么他自然而然就会留心观察别人身上的这些东西。可是如果太矫揉造作，是非常刻意地去展现好的仪容，那么他的仪容就不再是真正的优雅。因为自然、而不矫揉造作

---

　　①　卡斯蒂利亚王国女王及阿拉贡王国女王，1749 年使两国合并，为统一西班牙奠定基础。

才是最优雅可贵的地方。有些人的举止就如同美妙的诗句一般，其中的每个音节都是经过仔细斟酌的，都是一定能赢得好的名誉的。话说回来，一个在小节上过于用心的人可以成就大事吗？但是，舍弃礼仪也就相当于教别人也要舍弃礼仪的人，只会致使自己得不到他人的尊重。和陌生人交谈时，礼节显得尤为重要。但如果只是一味地讲礼节，甚至把礼节说得尤其重要，就会导致别人不仅厌恶，而且也不会再相信了。当然，在交谈中总会存在一种切实可行的恭维方式，如果你能掌握好这种表达方式就会有非常好的效果。在同辈之中是很容易就能够得到亲密的，因此矜持一点是再好不过的了；下属对你一定是充满尊敬的，所以应该要显得亲密一点。无论什么事情只要做得太过分，就会是自轻自贱、让人生恶的。多顺从别人的意思也是可以的，但这样做是为了显示出自己是对别人的尊重，而不是因为自己没有主见。最好是在附和别人想法的时候，稍稍加上一点自己的观点。如果你非常赞同他的意见，那么在说法上也需要有区别地保留一些；如果你想附和一些他的见解，也是需要带一些条件的，以表明你的赞同并非阿谀奉承而是经过思考的。不可过于恭维是人们最应该需要注意的。如果这样，那么不管他们表现多优秀，忌妒他们的人都会强加给他谄谀的恶名，来使他们的德行受损。把礼节和时机看得过于重的话也是不好的。所罗门曾说过："如果看风他就将无法播种，如果看云他就将毫无所获。"① 明智的人是会去制造机会而非是坐等时机。人们的举止就应该像穿在身上的衣服一样，不能过于紧绷和讲究，而应该是宽松舒适的，以便于工作和运动。

---

① 《旧约·传道书》第 11 章 4 节。

论赞扬

　　赞美就是外部世界对一个人德才的肯定，常被认作是一种衡量一个人才华和品德的标准。所以往往这种反映就如同镜中的幻象一般。如果它来自普通人，那就是毫无意义和价值的，而且它往往是献给自傲的人而非有德之士。因为普通人对于出类拔萃的美德是没有了解的，最容易赢得他们的称誉的只是一些最廉价的品德罢了，中等的才德会使民众感到不可思议，但对于最高尚的德行他们也就没有判断能力了。也许，故作姿态的这种假象才是普通人最津津乐道的事。

　　名誉就好像一条小河，它只能承载那些飘浮于空中的东西，而那些沉重坚实之物则会被淹没与河底。但是，如果一个人是被有见识有身份的人所共同称誉的，那么就像《圣经》所说的那样："真正的美名就像香膏一样。它的香气不仅持久不断，并且会向四周发散。"① 因为油膏的香气会比一般花卉的香气保持时间更加长久。虚情假意的称誉哪里都会有，因此就会有人怀疑赞美都是有目的的。不要轻易相信别人对你的称赞，因为有很多赞扬

---

　　① 《旧约·传道书》第 7 章第 1 节。

的出发点都是虚假的。就像有些称赞不过就是为了奉承。如果那个谄谀者是一个普通的人，他就会准备何时都适用的套话，这种通话对于谁都是可以使用的；如果他是一个奸猾的谄谀者，他就会竭力去奉承那些人的喜好和长处。但是如果他是厚颜无耻的谄谀者，那么他就会把最不堪的缺点和那些可耻的行径，公然称颂为最高的智慧，并千方百计地去奉承，全然"不顾自己的良心"。

有些称誉是发自内心，饱含善意和敬重的，那么这种称誉就应该是我们对帝王或者贵族表现出的一种礼貌，这就是所说的"用称誉来进行教诲"。还有一些被人恶意算计而受到称誉的人，他们是在暗中指点他应当怎样做。其实就是为了引起别人对他的忌恨，因为"最可怕的敌人就是奉承你的敌人"。因此在古希腊有一句谚语说到，"如果称赞是被恶意的人给的，那么鼻子上就会生疮"①。我们也有一句类似的谚语说法："假如你说谎了，那么舌头上就会起泡。"当然，如果称赞是适度的，并且是真挚的，那自然是极好不过的了。即使那称赞是好心的，也一定是非常恰到好处的。所罗门曾说过："如果大清晨一起来就不断称赞朋友，那就是在诅咒那个朋友。"② 过分夸大一些人或事，就一定会是适得其反的，是会引起忌妒以及轻蔑的。至于一个人的自吹自擂，除非是在很特殊的情况下，否则都不会是高雅的行为。但如果他称赞的是自己的职务或职业，那就会是优雅并且带有高尚的气度。罗马的主教们他们几乎都是一些资深的神学家、经学家、修行僧，他们十分讨厌世俗的事务，对他们而言，只要涉及军事、

---

① 此言化自古希腊诗人特奥克里托斯《田园诗》第十二首二十三、二十四行。
② 《旧约·箴言》第二十七章十四节。

外交、司法以及任何其他世俗的事务都可以被称为是"行政副长官的事",可是实际上,这些副长官们所做的事远远比主教们那些深奥的言论要优秀得多。人唯一可以自我夸耀的只有自己的职责。因为承担重大的职责是有权利自豪的。圣保罗在夸赞自己的时候,往往会加上一句"请允许我说句狂妄的话"①。可是当谈到他自己的职业时,他常说的却是:"我非常敬重我的职务。"②

---

① 《新约·哥林多后书》第十一章。
② 《新约·罗马书》第十一章。

论虚荣

苍蝇只是因为依附在战车的轮轴上，所以向人们炫耀说："看我扬起了多少尘土啊！"这是伊索的一个极富有讽刺意味的寓言。这就是所说的爱慕虚荣的人，无论是什么，只要其中有他们的参与，就算他们是微不足道的，他们就认会为这是在他们的带领下才有的结果。那些爱好自吹自擂的人，也是一定会喜欢结党营私的。自夸一定会引起竞争，因为炫耀是比较的产物，所以他们绝对是狂热的，以证明他们泛滥的虚荣心。他们是不会帮你保密的，并且往往是成事不足，败事有余的。

而在处理内政事务中，炫耀这种能力是十分有好处的。每当需要制造声势和舆论的之时，他们就会成为首选的宣传利器，他们是非常好的吹鼓手。而且，扭提图斯·李维曾经针对安条克和埃托利亚人的事迹说过"对双方分别说谎有时候是最有用的"。例如，如果一个人在两个君主之间周旋的话，想要诱使他们联合起来和第三方交战，那么唯一有用的办法就是要向这两位君主大肆吹捧敌方的兵力。如果是在两个对彼此不知晓的人之间进行交涉，他在两方都会把自己对一方的影响力说得十分夸张，就会使自己左右逢源，结果是以提高了自己的声望来收场。这样做的结果往往就是无中生有，因为谎言会产生舆论，然后转化为力量。

对于军队将士而言，他们是不可以没有虚荣心的。这就好比两把剑也可以互相磨砺一样。虚荣心可以使将士激励勇气。在那些需要付出非常大的代价和承担特别大的风险的伟大事业中，为了做到有声有色，就可以招揽一些好大喜功的人，豪言壮语也是可以增加胆量的，但审慎持重之言反而会使人泄气。就比较着来说，那天性老实稳重的人，更像是每一艘大船上的重要压舱物，而非风帆。对于学者的名望来说，如果没有炫耀的羽毛他怎么在高处站立，更谈不上名垂千古了。"就像写作《漠视名望》一类著作的人是肯定想把自己的大名印在扉页之上的。"

古代的亚里士多德、盖伦等人，还有贤哲如苏格拉底，他们不都是一些自夸的。也可以说在人生事业的推动力之中虚荣心也是不可磨灭的，以德行作为成名方法的人相比较注重德行本身的人而言则更加容易获得荣誉。就像塞涅卡、小普利尼、西塞罗①的名声肯定都是有他们的虚荣心存在的，正是因为这样，他们才可以持久不懈地努力着。虚荣心就如同油漆一样，它不但是会使物体显得漂亮华丽的东西而且也是使物体本身得以长久的保存良方。

我在这里所谈及的虚荣跟塔西佗认为的缪西阿努斯的那种性格是截然不同的："他拥有一种可以把自己的所有能力得到有力展现的方法。"像这样的一种性格，会使人认为它并非出自于虚荣，而是因为高尚以及谨慎的天性。而且，这种特性在有些人的

---

① 塞涅卡、小普利尼、西塞罗，三者均为古罗马著名作家。

身上绝对是既合适又相配的。那些表面上的道歉、退步以及适度的谦虚本身，都只是炫耀时所用的一些巧妙的方法而已。而在这些技巧使用当中，小普林尼无疑是最出色的，慷慨地赞扬别人所取得的你所擅长的某个方面的成就。

聪明的人会轻视那些喜欢自吹自擂的人，但是愚蠢的人就会羡慕他们，更有甚者像那些谄媚者就把他们当成偶像。当然，这是因为他们也是虚荣心的奴隶。

论荣誉

人的荣誉应当与人的价值相称。荣誉的获得只会使人的美德和价值进一步昭然于天下，并不会诋毁他们。

即使大家会提起那些醉心于功名的人，但人们不会是从内心里崇敬他的。而还有一类人就是在展示他的美德的时候总是瞻前顾后的，遮遮掩掩的，所以常常会被舆论低估他们的价值。

如果有人完成的那一项事业，是前人所不敢尝试的，或者尝试过但失败了，又或是成功了却不美好的，那就是一种伟大并会得到更高的荣誉，但是如果是已经有人圆满完成过了的事业，则就不会太被看重，即使后者更难。如果有人做事的原则是中庸，而且他的某项折中的举动可以使各个政派、党派、学派或者教派都满意地接受，那么为他唱出的就会是更加圆润的赞歌。如果一个人并不珍惜自己的名声，那么成功给他带来的荣誉将远远小于失败对他的伤害。战胜他人是最为光彩夺目的荣耀，就像是经历千辛万苦而光彩四射的钻石，所以应该全力以赴地努力战胜任何有声望的对手，如果可以，就在他们最擅长的方面战胜他们，去用对手的弓箭射出比对手还远的箭。

小心谨慎的门客和恪尽职守的家仆是能够为主人赢得良好的

名声的①，也就是所说的"主人的名声出自仆人之口"②。侍从的联盟有助于扩散荣誉。嫉妒与荣誉是天敌，因此减少了他人对自己的嫉妒就等同于获得了荣誉，而方法之一就是去说明自己所追求的是功绩而非名望，而且要把自己的成就归功于上帝和命运，而不要过分觉得是自己的功劳。

一个君王的荣耀等级，用合乎情理的方法就应该是这样排列的：第一层次是作为开国元勋的君主，就比如居鲁士（波斯建国者）、恺撒、罗穆卢斯（罗马建城者）、伊思迈一世（伊斯兰帝国建立者）和奥斯曼一世（奥斯曼帝国建立者），等等。第二层次是建立规章制度的君主，也称"二次开国者"或者万世之君，因为法典自他们创立之后就一直被沿用来治理国家，如莱克格斯（斯巴达立法者）、查士丁尼一世（东罗马皇帝）、梭伦、创立《七部法》的明君阿方索九世以及埃德加（英国国王），等等。第三层次是与国家共患难的"患难之君"或救国之君，他们有的是结束了内战的艰难困苦，有的是领导军民把国家从外族或暴君的奴役下拯救出来，如韦斯巴苔、奥勒列纳斯（罗马皇帝）、狄奥朵里克、奥古斯都大帝、英王亨利七世以及法王亨利四世，等等。第四层次是"开疆拓土"或"卫国之君"，他们通过自己的军事才能来扩张疆土，有的是以崇高的自卫斗争击退了侵略者的侵犯。最后一个层次，就是所谓的"民之国父"了，也就是那些治国有方，勤于政务，使他们当政的时代成为太平盛世的君王。

相对应的，臣民的荣誉也是有一定等级的：第一等级是为国

---

① 英谚："仆人眼中无英雄。"
② 西塞罗《执政官竞选手记》第五章。

排忧解难的人，他们可以辅佐君主处理国家大事，可以说是是君主的左膀右臂；第二等级就是有军事才干的人，比如国君的副官，他们在战争中发挥自己的才能并取得胜利，为国家立下了赫赫的战功；第三等级就是忠心耿耿的亲随，在精神上给君主安慰，又帮助人民解决困难；第四等级是精明能干的大臣，他们位于君主之下，而且肯定是胜任的；还有一种荣誉是和前面几种伟大的荣誉相同的，然而这种荣誉是稀少的，就是那些为了国家的利益而英勇捐躯或为了国家不顾自己生命的，马可·雷古卢斯和德西乌斯父子便是如此。

论司法

　　不管是哪一个司法者都应当谨记就是，解释和实施法律是他们仅有的权力，他们绝对没有制定或修改法律的权力。不然，法律就如同虚设了。针对这一点，罗马天主教会的教训是可以拿来借鉴的。我们可以思考一下罗马天主教的僧侣们是如何假借《圣经》之名，而根据自己的不同需求来随意解释、杜撰甚至歪曲事实，并且只是为了满足他们自己的私欲而已！

　　对于法官而言，不管是机敏，还是自信，都不如学识重要。使徒摩西在戒律中说道："私自移动界石的人一定会受到诅咒。"①而那些私自篡改法律的人的罪行，远远超过那些私迁界石者，是有过之而无不及。法官应当知道，只要有一次不公正的裁判，他的罪恶就可能会超过十次犯罪。因为虽然犯罪违背了法律，但那不过是污染了河流。而不公正的审判，则是触犯了法律本身，就像是污染了水源一般。因此所罗门曾说过："如果谁把善恶混淆、是非颠倒，那么他的罪恶就像是在水井和泉水中下毒一般。"② 下面我们来分别阐述一下诉讼、律师、警吏以及君主和国家与司法

---

　　① 《旧约·申命记》第 27 章 17 节。
　　② 《旧约·箴言》第 25 章 26 节。

之间的关系。

第一，针对诉讼当事人。"有人认为审判就是苦难"这是《圣经》里的一句名言。不只这样，一定还会有人把审判变成发酵了的陈醋，徇私舞弊会使审判变成一场苦难，而推脱延误则会使审判变酸从而为这枚苦果增添了酸涩的味道。法官的主要职责是对一切罪恶行径加以惩处，因为残酷的行为是可以置人于死地的，邪恶的诈骗是可以谋财害命的。明目张胆的暴行虽然是凶恶的，但是精谋细划的欺诈，其隐患也绝不亚于暴行。对于那些只为一些鸡毛蒜皮的小事而打起来的官司，对其视为妨碍公务的法官们应该不予受理。为了使判决是公正的，法官首先应该为自己铺平道路，就如上帝可以打断山峰、填满沟壑、铺平大路一样。当遇到那些当事人栽赃陷害、专横跋扈、诡计多端、合谋串供，并有很强的靠山和诡辩的律师可以依附的时候，法官的高尚德行就体现于打击恶势力，平等地看待控辩双方，然后做出最公正的裁决。要明白拧鼻子就会拧出血，就连榨葡萄如果用劲过大，那么榨出的果汁也会带有苦涩的葡萄核味道①。因此，法官切记要谨慎，万万不可牵强附会地去解释法律，推理论断也不能牵强，因为对法律的曲解会是这世上最严重的曲解。

特别是在诠释刑法的时候，法官务必要更加当心，执法也不可以过于苛刻。不可以把法律变成使民众动辄得咎的罗网②。刑法的宗旨就是以儆效尤，千万不可以把它变成可以滥施的酷刑，不要把《圣经》中的那张罗网铺在人民的头顶。因为刑法如果施

---

① 《旧约·诗篇》第 11 篇 6 节有言："他要在恶人的头顶上铺开罗网。"
② 《圣经·马太福音》第 7 章第 16 节。

行过度，就如同把法律之网撒向了民众。针对刑法中那些不经常引用的条款，或者是不太符合现实情况的条款，一个明智的法官一定会懂得谨慎地引用。"不仅仅要了解案情本身，更要掌握案件背景，这才是一名法官的重要责任。"① 所以在审理人命案时，法官量刑就应该是怀着慈悲的心，用犀利的眼光去看待事情，而且用仁慈的心去看待人。

第二，控方和辩方的律师。认真并且严肃地听讯是审判过程中的一个重要组成部分。话多的法官就好像一个没有调好音准的乐器一般。对法官而言，如果不等时机成熟，就迫不及待地去询问那些本该是律师应该陈述的事，或者不合时宜地去打断证人或律师的陈述，以表明自己的洞察力多强，又或者是用询问的口气混淆案情，都是一种失职的行为，都是不利于保证司法正义性的。在审讯过程中作为法官有四项职责：监督双方举证；控制庭审进度，减少重复及无关的陈述；总结、甄选并审核已做的陈述要点；根据法律做出裁决或判决。宣示审判所根据的原则，那么只要是超出这些职责的行为都会是不可取的，其产生的原因有可能是因为为了自我炫耀；或者是没有耐心；或者是记忆力不好；更或者是欠缺稳重和公正。

让人疑惑的是，敢想敢说的律师通常是可以牵着法官走的，虽然法官看起来是坐在上帝的审判席上，本应该像上帝一样，去"遏制骄傲的人，恩赐谦卑的人"②。但是让人费解的是，法官竟然会被一些有名的律师左右。这样只会导致这些律师的费用提

---

① 奥维德《哀歌》第一卷第一首三十七行。
② 《新约·雅各书》第四章六节。

高，而且还会使人们怀疑法院是否在徇私舞弊。当审讯进行顺利、答辩得当的时候，法官还是可以对律师表示欣赏和称赞的，特别是对败诉的一方。这样就可以消除委托人对该律师的忧心和不认可，同时也达到挫一下对方的锐气的效果。同样，当律师在法庭上胡搅蛮缠、不严谨、牵强附会而又咄咄逼人或者强词夺理时，法官就有责任对该律师进行必要的指责，从而可以使公众的利益得到保护。律师不可以与法官争吵，也不能在法官宣判之后还把自己禁锢在翻案的事情中。但是在另一方面，法官也不能以不负责的态度来仓促宣判结案，要让他的陈述或证据都完全呈现出来，不可以给当事人留下口实。

第三，关于法庭上的警吏。法律的神圣性，不仅体现在司法者，而且还体现在了执法者的身上。《圣经》上讲："在荆棘丛中找葡萄是没有结果的。"① 就比如如果法官身边都是一些贪赃枉法的警吏，那他还能够公正吗？法庭警吏中有四种人是需要提防、绝对不可以重用的——包揽全部诉讼的、借司法来谋私利的、奸诈狡猾的，敲诈勒索之人。有人用灌木丛来比喻法院，当有困难的人像遮风挡雨的羊一样钻入其中时，肯定就会被刮伤皮毛。而如果这几种人出现在法庭上，那么刮伤的就不会只是皮毛那么简单了。相对而言，如果法官身边都是正直而且富有经验的人，那结果就是完全相反的。

第四，就是君王和政府的关系。古罗马《十二铜表法》的最后一条说到每一位法官都应该首先记住："最高的法律是人民的

---

① 《新约·马太福音》第七章十六节。

幸福。"① 法官们也要懂得法律的目的就是为了保障人民的幸福，不然就会成为折磨人的陋规，那么所谓公正不过就是一句空话而已，是没有得到神灵庇佑的无效神谕。因此，国家的君王和政府需要常常与司法者协商，同样司法者也应该经常与君王和政府商量，他们应当携起手来，这样做才会是国家的一大幸事。前一种协商是用在当司法有碍于政务的时候，而后一种协商则相反，常常是在政府有碍于实施法律的时候。

有可能仅仅是因为归属权引起的诉讼，但问题的根源及后果就有可能关系到国家的核心问题。我所指的核心问题不仅仅是指君权，而且还有可能会导致发生严重事故、发生危险的事件，或对绝大多数国民都会产生影响的事。任何人都是不可忽视的，公正的司法和合理的国策就如同精神和肉体、思想和行动一样，应当是协调一致的。

所罗门王的宝座两边是有雄狮护卫的。法官们切记，他们自己就是那雄狮，但他们也应当清楚地了解到，狮子毕竟只是狮子，作为王座下的雄狮，分分秒秒都慎重行事，不要束缚或者去妨碍君王行使权力。另外法官们应该对自己的授权有着深厚的了解，他们的真正职责就是聪明地运用和实施法律。

圣保罗在谈到一部伟大的法律时说："我们都知道律法是刚正不阿的，但关键是司法者要秉公执法。"②

---

① 语出西塞罗《论司法》第 33 章第 3 节。
② 《新约·提摩太前书》第一章八节。

论愤怒

想要完全消灭愤怒的情绪，那不过是古希腊斯多葛派学者①们的狂妄而已。对此，我们有更好的神谕："如果你们发脾气，但不要为这脾气而去犯罪，也不可为此一整天地生气。②"必须把愤怒在程度上和时间上都加以遏制。首先我们来谈谈有哪些办法是可以使愤怒的冲动变得缓和与平静的；其次再来讨论，抑制愤怒的行动有哪些，或者至少是让它受到克制，而不至于闯下祸端；再次，我们将解决怎样激怒别人或者让别人息怒的问题。

认真地反思和省察是缓和愤怒的唯一可行的办法，是针对发怒的后果以及其对正常生活的破坏。在怒气完全平息之后就是这么做的最佳时机。塞内加说得很好："怒气就像坍塌的建筑，倒在地上受伤的是自己。"③《圣经》教导我们说"常存忍耐我们才能保全灵魂"④。不管是谁，失去了忍耐，就好像丢掉了灵魂。就像维吉尔《农事诗》第四卷二百三十八行中的蜜蜂一般，"让自己的生命被蜇伤"。

---

① 斯多葛派是古罗马哲学流派之一。下文中的塞涅卡即此派中的一位学者。
② 语出《新约·以弗所书》第 4 章第 26 节。
③ 塞内加《论愤怒》第一章一节。
④ 《新约·路加福音》第二十一章十九节。

愤怒的确是一种令人生厌的情绪，因为最容易受到它的摆布的就是老弱病残和妇幼，而这些人又偏偏是最为脆弱的人。可是，如果当你必须要生气的话，切记焦躁，而宁愿带些自我嘲弄的口吻，应努力在愤怒的同时给予对手以蔑视，这样自己才不会受到更大的伤害。其实这一点做起来并不难，只要将上述的方法作为行动准则就可以了。

关于第二点，就是有三种人是最容易发怒的：第一种是神经太过脆弱，太过于敏感的人，对一点小事情就足以惹火他们；其次就是认为自己受到轻视的人，最容易引起愤怒的就是被人蔑视，这种伤害是最为严重的，其后果远远要超过其他伤害；最后就是那种自己认为名誉被损害的人，同样容易被激怒。要杜绝这种事情的发生，就需要给自己一点信心了，就好像高德瓦①所说的："应当用粗的绳索来编织人的荣誉之网。"这样他人才不能将其轻易摧毁。

在受到伤害后等待时机、克制以及忍耐，并把复仇的希望寄托在未来就是最有效的制怒方法。

在愤怒时有以下两点千万要注意：第一就是不要恶语伤人，这和一般的对不满来发的牢骚是不一样的，是会播种下怨毒的种子的；第二是不要因为愤怒而情不自禁地暴露他人的隐私，这会失去他人的信任。总之，不管在情绪上有多么的愤怒，在行为上都要去避免造成无法挽回的后果。

要是想故意诱使一个人动怒，那么与息怒之术相同，就要首

---

① 西班牙著名将军，一生战功卓著。

先选择一个好机会，一般情况就是要在对方心情最糟、最容易发火时去激怒他们，然后就再用你无论是什么样的手段来加重对方受辱的感觉。然而让一个人息怒的办法就恰恰相反了，意思就是，假如要向那个人讲述的事情可能会使他生气的话，一定要选择一个恰当的时机以及场合，一定要选在他开心的时候。而且还要尽可能地去使他觉得在他受到的伤害中没有任何轻蔑的成分，或者使他把那伤害归结于恐惧、激动，误解或任何能够推托的其他理由。

论变迁

所罗门说："失忆的往事成就了所有的新事物，世界上本是没有新的事物的。"① 柏拉图曾经有一句类似的格言说："所有的知识都只是回忆而已。"② 不仅在地府里渗透着，也在人世间流淌着。曾有一位隐姓埋名的占星术士③也说过："只有两件事是亘古不变的：一是恒星之间肯定保持着确定的距离，他们绝不靠近，也永不远离；二是它们总遵循一定的运转规律，不然事物就不会存在了。"

大地上的万物千变万化，新陈代谢，永不停歇，但最终都会被一张大网打破。这张大网，就是地震和洪水。对于火灾与旱灾，它们好像不会将人类完全毁灭。太阳神之子驾车狂奔，也仅仅只跑了一天；④ 伊利亚时代的大旱也不过就三年⑤；至于西印度

---

① 《旧约·传道书》第一章九节。

② 柏拉图《对话集·裴多篇》。由此可见，勒忒河勒忒河是希腊神话中冥国之忘川，入冥国之鬼魂饮一口忘川水就会忘却人间世事。

③ 意大利哲学家泰来西奥，著有《物性论》。

④ 希腊神话中日神乘坐战车，驾车者是其子法厄同，但日车因之狂奔，天地大乱，宙斯为之震怒，以霹雳击死法厄同，复命日神驾车。

⑤ 三年大旱事见《旧约·列王纪》第 17－18 章。伊利亚即犹太先知。

群岛上神秘的天火，也总是在能控制的范围之内的①。可是，一场巨大的洪水与地震，就可以彻底将一切毁灭。假如我们深入地去了解西印度群岛②的历史，就不难得知其实它的历史记载很短。很可能他们就是某场地震或洪水的幸存者。

曾经有一位埃及僧人对梭伦说道："其实在大西洋中曾经有一个巨大的海岛，可是在一次地震后却被海水吞没了。"③ 虽然地震不常光顾那个地区。但另一方面，美洲的河流水势浩大，相对于它来说旧大陆上的大河只不过就是小溪。那里的山峰，就如安第斯山脉，但也比我们的高很多。如果没有这些高山，也许当地那些居民早已被淹没在洪水中无数次了。

很多学者对于马基雅弗利的看法并不赞同。马氏认为往事之所以被人类遗忘最主要的原因就是因为宗教的互相残杀，误传教皇格列高利一世赌上一切就是为了消灭多神教的古迹和传统习俗。可是我们认为宗教狂热是不会引起那么大的影响的，也是不可能持续的太久的，比如主教一换，宗教方针也会随之而变。曾经紧随格列高利之后的教皇萨比尼安就想要复兴多神教的风俗习惯。

如果世界有足够长的寿命，那柏拉图所谓的"大年"就估计能发挥一些作用了，只不过这作用不是会使人们死而复生，而是使人洗心革面，使世界改天换地。无法否认的是，对于一般的事物，彗星是会有一定作用和影响力的，而世人只会在彗星出现时感到诧异然后观察它们划过的痕迹，但是未曾留意过它的影响，更不会在

---

① 指南美洲火山。
② 指新发现的美洲。
③ 关于梭伦在埃及的十年游历，希罗多德和普鲁塔克都有记载。

意它的具体作用。也就是出现的是哪一种彗星，它的大小、颜色、光线变化以及在天空中的位置、持续多长时间以及会产生什么影响。

我是不想让人们遗忘曾经的一件小事的：曾经听说过荷兰人有一种奇特的信念，就是在低地国家，种类和次序相同的年份和气候，每 35 年就要再现一次，比如大冰冻期、大旱期、暖冬、大涝期、凉夏等等，并且他们把这种现象称为最初时期，这是一件应该要特别提及的事情，因为我也发现有类似巧合或者与之相符的其他地方。

我们再来说说人世间的演变，宗教就是其中最重要的一部分。因为宗教是人类灵魂的支配者，所以唯一真正的宗教必然是具有固若金汤的基础，至于那些各种异教就是仅仅漂浮于时间海洋中的泡沫而已。针对于新的宗教需要什么条件才能兴起，我也想在这里好好说说我的看法。

当人们对现有的教义不能认同时，特别是主教们以及其他宗教领袖的生活奢靡、行为不检时，或者是时代充满了残暴和愚昧的时候，只要有人倡导，有人起来抗议，那么一种新的宗教就会这样建立起来。当年穆罕默德就是这样做的。同样的，如果没有以下两点，这种新教派就不可能会被广为传播。也就真的不用担心这种情况的发生了：一是出现了对权威的轻视；二是教徒的肆无忌惮。

有三种方式可以来树立一个新的教派：一是借助神迹和异兆；二是依靠雄辩而又明智的布道；三是使用武力。对于以身殉教，我们也把它归入奇迹一类，因为殉教行为已经超过了人性的力量。同样，尽善尽美的圣洁生活也是一种奇迹。毋庸置疑，为了抑制宗教分裂和新教的出现，教会一定要去勒令禁止那些陈规陋习，实施温和的政策，解决小的争端，摈弃血腥迫害，对异教的发起人通过说服和提拔的办法来加以争取，而不能通过暴力和仇恨的手段去激怒他们。

战争是瞬息万变的，但应该考虑的主要在于三个方面：一是发生战争的地点；二是兵器；三是打仗的战略战术。古代的战争，好像都是由东向西打，因为作为侵略者的波斯人、鞑靼人、亚述人、阿拉伯人都是东方人。但也不全都是，例如高卢人是西方人，可是我们所知道的，他们的侵略只有两次，一次是到了加拉西亚，另一次则是到罗马。其实我们常常说的东方和西方在天上是没有确定的对应坐标来界定的，因此打仗也不能确定地说是自东向西或从西到东。但是，南方与北方是可以确定的，而且从古到今，南方人入侵北方，是极少或者没有的，而与之相反的是，北方入侵南方事例却是屡见不鲜的。显而易见，世界的北部是天性好战的地区，这也许是因为星宿的原因，也许是因为战神以北，也可能是因为北半球大陆比较广阔。而南方就是海洋面积大。显而易见，估计因为北方气候寒冷，那里的人不需要锻炼，依然会身强力壮、血气旺盛。

当一个大国处于动荡不安、风雨飘摇之时，就一定会爆发战争。兵强马壮的帝国在强盛之时，常常都会削弱或者废除它们所征服的各民族国家的武装，然后建立一个统一的帝国军队来作为整个帝国的防御依靠。所以，当帝国开始渐渐衰败的时候，帝国大家庭的各民族国家也会随之衰落，最终会成为外族人掠夺的目标。罗马帝国衰亡时，情形就是这样。查理大帝之后的查理曼帝国亦是如此，周围每只鸟都被掠夺得一毛不剩。如果西班牙帝国走向破灭，那么它的后果也会如此。一个人口太多的国家，也是如此。几个帝国的结盟或是合并也同样会引发战争，因为不管哪个国家变得过于强盛的时候，就势必会变成一场泛滥的洪水。这在罗马、土耳其、西班牙和其他帝国的历史上都出现过。

当这个世界上仅存一些极少数未开化的民族时，并且当他们绝大多数不了解先进的谋生手段而不愿结婚繁衍时，这个世界就不会出现人口泛滥的危险。但如果在人口众多的民族中还是继续繁衍生息却不筹划国计民生，那么每隔一两代人他们必会迁徙一部分人口。曾经古代北方民族是用抽签的方法来决定这种迁徙的，就相当于是根据抽签来决定谁被留下，谁被迁走。① 但如果当和平的方式不行，就只好采取武力的方式。先前一个崇尚武力的国家日渐衰弱时，它也肯定会招来战争，因为这种国家的军备不景气时常常会在经济上变得十分富有，因此他被别人垂涎已久，是别人一心想吃掉的一块大肥肉，所以它们在军事上的衰竭一定会招致战争的到来。

至于兵器的演变是无法去定论的。它们不仅有反复而且会有变迁。印度的奥克斯拉斯城的人在很早一前就有了火炮，马其顿人则称火炮为雷电和妖术②。并且在中国，火药的使用已远远不止两千年了，这都是人人皆知的。关于兵器的特征及其改进，首

───────────────

① 相传最初从北方迁徙不列颠的盎格鲁人和撒克逊人即用抽签的方法从他们的部落中选出的。

② 关于印度人使用火炮一说并无正典记载。

先是为了避免危险，射程要足够的远，这在火炮和滑膛枪的设计里面是有体现的。其次，兵器的攻击力要强，也就是说一定要比所有攻城的武器和古代发明都要有杀伤力。再次，使用起来要方便，何时何地都可以正常使用，并且重量不可以太重，以方便搬运。

讲到战略战术的变迁，最初人们都只是依靠兵力和勇气，这完全就是将人数多少作为战胜的关键，并且交战的地点和时间也是事先说好的，决战是在公平的状况下开始的。当时人们没有意识到排兵布阵的重要性。后来，人们慢慢认识到兵不在多而贵在精的真理，逐渐开始重视技巧和策略，明白有利地形的重要性，需要设计诱敌的计谋，还有在兵力部署上也日趋熟练。

学术在一个已经成熟的国家是最受重视的，而军备对于一个刚刚建立的国家来说往往是最受重视的。伴随着社会的发展，军备和学术二者共同发展显得尤为重要，等到这个文武双全的时代达到一定程度的之时，工商业就会随之兴盛起来。学术也从处于萌芽稚嫩的童年时代，发展到少年时代，它是旺盛的但却也是浅薄的，步入到一个意气风发、茁壮成长的少年时代，然后就到了厚积薄发、精力旺盛的壮年时代，最终当然会走向枯竭萎缩的老年时代。但是，世道沧桑本就是常理，盯着它看了太久，除了会使人头晕眼花，又有哪些好处呢？至于传说中轮回的运行原理，都不过是一个神话套着另一个神话的延续而已。以上我们展望了变迁转动的历史之轮，至于验证这些理论的史事，就不宜由本文来一一论证了。